성적 좋은 아이가
왜 실패하는가

성적 좋은 아이가
왜 실패하는가

트레멘 뒤프리즈 지음
오광일 옮김

이·력·서·가 필·요 없·는 시·대·가 온·다
Raising Thinkers

유아이북스
Ultimate Information

성적 좋은 아이가 왜 실패하는가

1판 1쇄 인쇄 2019년 5월 15일
1판 1쇄 발행 2019년 5월 20일

지은이 트레멘 뒤프리즈
옮긴이 오광일
펴낸이 이윤규

펴낸곳 유아이북스
출판등록 2012년 4월 2일
주소 (우) 04317 서울시 용산구 효창원로 64길 6
전화 (02) 704-2521
팩스 (02) 715-3536
이메일 uibooks@uibooks.co.kr

ISBN 979-11-6322-015-2 03370
값 14,800원

* 이 도서의 국립중앙도서관 출판예정도서목록(CIP)은 서지정보유통지원시스템 홈페이지(http://seoji.nl.go.kr)와 국가자료종합목록시스템(http://www.nl.go.kr/kolisnet)에서 이용하실 수 있습니다. (CIP 제어번호:CIP2019014181)

교육이란 삶의 기술을
가르치는 것이다.

– 일레인 헤프너 –

─── **일러두기** ──────────────────────────────

논문이나 연구자료와 같은 인용문을 번역하는 과정에서 전문용어는 가급적 대중적인 언어로 순화해
서 사용하였습니다. 형식 면에서 난해한 부분도 일부 수정되었음을 밝힙니다.

●

아무도 가 본 적이 없는 여행

> 먼 여행이 되겠지만, 우리는 결코 너를 떠나지 않을 거야. 생명의 풍요로움은 너의 것이야. 아들아, 내가 가진 모든 것들, 내가 배운 모든 것들, 내가 느끼는 모든 것들과 그보다 더 많은 것들이 네 것이 될 거야. 내 힘도 너의 것이 될 것이고, 너의 삶이 나의 삶을 통해 보이듯이 네 눈을 통해 내 삶을 보게 될 거란다.
> ● 조-엘(Jor-El), 영화 〈슈퍼맨〉(1978)에 나오는 슈퍼맨의 아버지

엄마, 아빠가 된다는 것은 우주탐사 프로그램을 운영하는 일과 다르지 않습니다. 과장을 약간 보태면 우주로봇을 만드는 것만큼이나 아이를 키우는 데는 예상보다 많은 비용이 필요합니다. 성인이 될 때까지 아이들은 인생을 살아가기 위해 필요한 것들을 배워야 합니다. 우리는 각별한 보살핌과 주의를 기울여 아이들이 인생이라는 여정을 잘 준비할 수 있도록 돕지만 모든 것이 계획대로 되지는 않습니다. 아이들 앞에 놓인 길에 무엇이 있을지 정확하게 알 수도 없습니다. 미지의 세계에는 위험이 도사리고 있습니다.

탐사 프로젝트를 기획하고, 탐사선이 외계의 최종 목적지까지 도착

하기 위해서는 엔지니어, 과학자, 프로그래머 등등 수백 명의 사람들이 협력해야 합니다. 유럽우주국ESA은 2004년에 혜성 탐사선인 로세타를 쏘아 올렸습니다. 로세타가 우주로 첫발을 내딛는데 19년의 세월이 걸렸습니다. 우주선을 발사하는 데에 약 1000명의 인재들이 필요했고, 심지어 성공은 그저 가능한 결과들 중 하나였을 뿐입니다.

엄마, 아빠가 되는 것만큼 가치있는 일을 상상할 수 있을까요? 아기를 갖기 위해 불임 전문가의 도움을 받기도 합니다. 임신을 하고 나서도 성공적인 출산을 위해 태아 요가 강사, 영양학자, 인테리어 전문가, 재무 전문가, 중고차 딜러 등등의 전문가에게 상담을 받지요. 출산 후에는 유아교육 전문가, 소아과 의사, 피트니스 트레이너, 인생 상담가, 간병인, 베이비 시터, 파티 플래너와 같은 사람들을 찾습니다. 우리는 이렇게 많은 사람들을 찾으면서도 학교 교육 전문가의 도움을 받을 생각은 하지 않습니다.

아이의 꿈을 이루기 위한 여정에는 수많은 전문가가 필요하고, 살펴볼 것도 많습니다. 미항공우주국NASA과 유럽우주국ESA의 탐사팀은 온갖 역경을 극복하고 가치있는 결과를 만들어내기 위해 최선을 다하지요. 우주선을 미지의 세계로 출발시키기 전에 탐사팀은 우주선이 모험을 헤쳐 나가면서 직면하게 될 환경을 미리 이해하기 위해 엄청난 시간과 자원을 투입합니다. 우주선은 장시간 여행하면서 소프트웨어, 하드웨어, 구조에 과부하가 걸립니다. 따라서 혹독하고 예측하지 못한 환경을 견딜 수 있는 재료로 제작되어야 합니다. 예상되는 환경과 상황을 겪는 중에도 연락이 유지가 될 수 있도록 하는 안전장치 코드도 프로그램됩니다. 이 모든 것들은 임무를 성공적으로 완수할 가능성을 높여 주지만, 안타깝게도 성공을 보장하지는 않지요.

아이들은 부모의 보살핌을 받으면서 미처 상상도 못한 놀라움과 도전으로 가득 찬 인생을 준비합니다. 아이들의 미래는 우리의 과거와는 많이 다를 것입니다. 부모님은 앞선 20년간 배운 육아법을 활용해서 우리를 가르쳤습니다. 우리는 부모님들이 세상에서 가장 지혜로운 사람들이라고 믿었습니다. 이제는 우리 자신이 엄마, 아빠가 되어 과거와 비교할 수 없을 정도로 많은 지식과 자원을 가지고 아이들을 키우고 있습니다. 인터넷 덕택에 아이들의 질문에 쉽게 답할 수 있습니다. 신이나 다중우주론에 관련된 질문이 아니라면 말이죠. 처음 몇 년간 아이들에게 우리는 세상에서 가장 똑똑한 사람들입니다. 그 몇 년이 지나면, 아이들은 '구글 선생님'과 인터넷으로 존재하는 '가상의 친구'들과 함께 합니다.

우리 세대는 도서관이나 잡지 혹은 선생님, 부모님과 친구들에게서 답을 얻었습니다. 지금의 아이들이 자라는 환경은 과거 어느 때보다 모호하고 정의 내리기 어려우며 복합적이면서 서로 연결되어 있습니다. 가상의 친구가 '현실의 친구'와 동일한 지위를 갖게 되면서 '친구'나 신뢰할 만한 자원의 본질 또한 급격하게 변했지요.

우리는 과거 부모들이 경험하지 못한 세계로 나아가고 있습니다. 아이들이 하는 질문에 답하지 못할 때가 많고, 아이들이 어떻게 하면 꿈을 이룰 수 있는지도 알지 못하지요. 하지만 어디에서부터 시작해야 할지는 알고 있습니다.

이 책은 좋은 부모가 되는 것에 대한 내용이 아닙니다. 여러분은 이미 나름대로 최고의 부모입니다. 아이들은 옛날과 비교해 무척 균형잡힌 식단과 훌륭한 보살핌을 받으며 안전하게 지내고 있습니다. 무엇보다도 여러분의 사랑을 듬뿍 받고 있겠지요. 가정이 화목해야 아이들이 고차원적인 사고를 할 수 있습니다.

오늘날 가정들은 서로 다른 모습을 하고 있습니다. 한 명의 엄마와 한 명의 아빠로 이루어진 가정도 있고, 한 부모 가정도 있습니다. 맞벌이 가정일 수도 있고, 외벌이 가정일 수도 있겠지요. 형제자매가 있을 수도 외동일 수도 있습니다. 아들을 키우는 가정도 있고 딸을 키우는 가정도 있습니다. 생물학적이든 법적인 것이든 혹은 그 아무것도 아니든 상관없이, 부모는 아이에게 기본적인 보살핌을 주는 사람을 일컫습니다.

우리가 살고 있는 세상은 아주 복잡한 모습을 하고 있습니다. 내적인 세계와 욕구, 인지적 동기도 놀라울 만큼 다양한 모습을 하고 있습니다. 세상의 엄마들, 아빠들, 그리고 어떤 이름으로 불리든 관계없이 아이를 돌보는 사람들을 위해 이 책을 썼습니다.

저자 씀

목　차

1부

무엇을 가르칠 것인가

1장

목적지 없는
여행의 시작

자금이 많이 필요한데다가 최종 종착지마저도 불분명한 항해에는 반드시 어떤 목표가 있어야 합니다. 한 아이의 부모로서 여러분은 아이가 이루어 냈으면 하는 결과가 있는지요? 아이가 법률가가 되기를 원하는지, 미생물학자가 되기를 바라는지를 묻는 것이 아닙니다. 부모로서의 목표가 무엇인지를 묻고 싶습니다. 자립심? 강인함? 제한된 기회에 굴하지 않고 꿈을 쫓는 용기? 잠재력을 실현하는 것? 전 세계 부모들에게 아이들을 위해 바라는 것이 무엇인지 물어봤습니다. 대답은 꽤 다채로웠습니다.

- 자신만의 재능, 가치와 열정을 발견하고 모든 영역에서 그것들을 추구하는 것 – 제이미(Jaime, 호주)
- 행복하고, 친절하고, 공손하고, 균형 감각이 있으면서 자신감이 충만

할 것 – 맥신(Maxine, 남아프리카 공화국)

- 자신감, 사랑, 책임감 갖기 – 켈리(Kelly, 인도네시아)
- 행복과 긍정적인 사고 방식 – 메낙시(Menakshi, 인도)
- 인생에서 즐길 수 있는 것과 열정을 가질 수 있는 대상을 찾는 것, 그리고 두려움을 떨쳐내는 것 – 안토니아(Antonia, 부에노스 아이레스)
- 용기 있고, 꿈을 좇는 것 – 칼(Karl, 캐나다)

이 질문에 여러분은 어떻게 답할지 궁금하네요. 저도 골똘히 생각해 봤습니다. '아이를 위해 가장 바라는 것은 무엇이었을까? 행복, 성취감, 혹은 다른 추상적인 어떤 것이었을까?'

이렇게 어려운 수수께끼의 답은 아이가 여덟 살이 되던 해에 남아프리카에서 휴가를 보내던 중 우연히 깨달았습니다.

남아프리카의 가든 루트Garden Route를 따라 여행을 하던 저는 그날 매사냥꾼과 아침을 보냈습니다. 얼굴에 주근깨가 가득하고 붉은 턱수염이 멋진 할아버지였습니다. 노인이 돌보던 이 새들의 대부분은 정부의 보호나 사람들의 관심을 받지 못한 채 사라질 위기에 처해 있었습니다. 새들을 돌보는 일은 할아버지의 삶에서 전부였습니다. 경제적 사정이 좋지 않아 정부 보조금에 의지해 살고 있었지요. 그래도 새들을 돌보는 일이 가치가 있을까요? 예, 그렇습니다. 할아버지는 행복할까요? 물론입니다. 그런데 저는 제 아이가 관광객들의 적선에 의존해서 살기를 바랄까요? 아이가 그 일을 정말로 사랑한다고 하더라도 말입니다. 글쎄요. 잘 모르겠네요. 그때 깨달았습니다. '이건 아니다.'라고 말이죠.

저는 아들이 살면서 매 순간마다 최선의 결정을 내리는 법을 배우기를 바랍니다. 아이가 현명하게 '생각하는' 사람이 되고, 미래로 가는 길 위에 놓인 모든 것들을 미술관에 전시하듯이 잘 구성하기를 소원합니다. 변덕스러운 환경에 휩쓸려 이리저리 흘러가는 삶을 살기를 원치 않아요. 우리는 과거에 내린 결정이 현재의 삶을 만들었다는 것을 압니다. 지금 하는 결정들은 미래를 결정하겠지요. 아들의 인생은 그 아이가 살면서 내리는 선택에 따라서 결정되겠지요. 아이는 행복하게 될까요? 그랬으면 좋겠습니다. 자기 스스로 어떻게 시간을 보낼지, 무엇을 공부하고, 어떤 책을 읽을지, 무슨 음식을 먹고, 어려운 상황을 어떻게 헤쳐 나갈 것인지를 현명하게 결정할 수 있다면 아이의 삶은 아마도 조금은 더 행복하지 않을까요? 만약 아이가 레게머리를 하고 자유롭게 사는 서퍼surfer로 산다고 하더라도 최소한 그 선택이 신중하게 고민하고 내린 결정이기를 바랄 뿐입니다.

어떻게 하면 아이가 좋은 결정을 내리도록 가르칠 수 있을까요? 요즘의 학교 교과목이 우리 때보다 훨씬 더 멋지게 구성되어 있지만, 아이들이 무엇을 생각하며 살아야 하는지를 가르치는 것은 여전히 가장 기본적이고 중요한 덕목입니다. 우리 스스로 아이에게 좋은 선택을 하는 법을 잘 알려줄 만한 자격이 있을까요? 우리조차도 과거에 바람직하지 못한 결정을 꽤 많이 하지 않았나요? 그렇다 보니, 사춘기에 들어서기 전에 의사결정 기술이나, 그와 유사한 것들에 대해 설교하는 것은 역효과가 날 수도 있겠네요.

그나마 우리가 할 수 있는 것은 최대한 좋은 결정을 내리는 것, 생각이라는 것에 대해 고민하고, 정보를 잘 처리하는 것에 대해 가능한 한 많이 배우는 것뿐입니다. 그제서야 아이들을 가르칠 수 있을 것 같습니다. 사실은 이 정도가 비판적 사고와 의사결정 능력을 키워주기 위해 할 수 있는 전부네요. 부모 자신이 비판적 사고를 할 수 있어야 아이들도 그렇게 키울 수 있으니까요.

이게 바로 제가 이 책을 쓰는 이유입니다. 우리 아이들이 인생이라는 여정을 위해 필요한 인지적 토대를 견고히 다지게 도와주는 좋은 가이드북이 되었으면 합니다.

아이들의 인생 여정을 위해 여러분은 무엇을 하고 싶은가요? 여러분의 생각을 바로 지금, 여기에 적어보세요. 적어 놓은 것들을 잊으면 안 됩니다. 펜과 종이를 준비하고, 실제로 써보세요. 나중에 다시 필요할 테니까요.

행동주의 경제학자이자 비판적 사고 전문가입니다만, 과거 데이터를 활용하여 어떤 미래를 예언할 능력은 없답니다. 미래를 보여주는 수정구슬 같은 것은 없지요. 그런 예언들은 2025년 금리를 예상하는 것만큼이나 무의미한 헛소리일 뿐입니다. 과거에 대한 기록과 현재의 정보들만을 가지고 우리가 아이들의 미래 환경을 결정하는 요인들을 알기는 무척 어렵습니다. 그렇다고 그냥 앉아서 아이들의 미래에 대해 손 놓고 있는 것도 못할 짓입니다. 열여덟 살이 될 때까지 선생님들에게, 친구들에게 혹은 유튜브 스타들에게 맡겨둘까요? 그다음부터는 혼자 알아서 하라고 할 수 있을까요?

크립톤 행성에서 슈퍼맨의 부모는 이렇게 한 것 같습니다. 아들이 인생여행을 시작하기 위해 필요한 시간은 다른 부모들에 비해 부족했지만 나름대로 최선을 다했습니다. 행성 전체가 폭발하기 직전에, 새로 태어난 아기를 구조캡슐에 실어 지구로 보냈으니까요. 아기가 새로운 부모의 따뜻한 품에 안기기를 바라면서 말입니다. 비행선이 부자나라의 농장 들판에 착륙하고, 때마침 선량하고 아이가 없는 노부부가 아기를 발견한 것과 정의를 위해서만 힘을 쓰는 무적의 슈퍼히어로로 성장한 것은 참 운이 좋았던 것이지요? 비행선이 시리아, 시베리아, 혹은 콩고에 착륙했다면 어땠을까요? 슈퍼맨은 슈퍼히어로가 되기 위해 다른 기술들이 필요했을지도 모릅니다. 그 부모는 아기의 성장기를 위한 적절한 환경을 상상조차 못했을 것입니다. 어떻게 하면 소중한 아이들에게 상상불가인 미래를 잘 준비시킬 수 있을까요?

분명한 것은 인생의 최종 도착지보다는 여정에 더욱 집중해야 한다는 사실입니다. 그 여정이 최종 종착지를 만들어 낼 테니까요.

아이들이 여행을 하면서 만나게 될 가장 근접한 환경과 조건들을 예측하기 위해 필요한 정보를 수집하세요. 아이들이 접하게 될 장애물들을 미리 만들어 볼 수도 있습니다. 아이들이 난관을 극복할 뿐만 아니라, 새로운 미지의 세계에서도 잘 지낼 수 있는 능력을 습득하게 할 수 있습니다.

그럼 이제 우리 아이들이 살아야 하는 미래의 기본적인 특징들에 대해 좀 더 탐구해 볼까요? 아이들이 배워야 하는 기술들과 동서양의 교육환경에서 예상되는 것들을 알아야 합니다. 또한, 우리 아이들의 미래를 위해 무엇을 할 수 있을지 스스로에게 물어봐야 합니다.

각 장의 마무리에서는 시사점과 생각해 봐야 할 것들이 제시됩니다. 이 팁들은 여러분이 부모로서 성장하는 데에 도움이 될 것입니다.

1. 부모 역할의 목적이 무엇인지 생각해 보자. 부모들이 아이들에게 바라는 것은 모두 다르다. 유아기 동안에 아이에게 만들어 주고 싶은 재능에 대해 생각해 본 적이 있는가?

2. 아이들이 어떤 미래에 살게 될지도, 평생 무슨 일을 하면서 살지 알 수 없다. 그렇지만 아이들의 인생여정에 영향을 주게 될 트렌드, 즉 큰 흐름에 대해 가능한 많이 알아야 한다. 그런 정보들은 아이들이 미래에 대해 좋은 선택을 하도록 도와줄 것이다.

2장

기술만 가지곤
아무것도 할 수 없다

졸업은 했는데 할 수 있는 게 없다고?

> 올해 다보스 포럼에서 등장하는 표현 중 하나는 '스킬 갭(skill gap)'입니다. 그 '갭'의 원인이 무엇인지에 대해서는 광범위한 공감대가 형성되어 있는 것 같습니다. 구식 교수법과 교육과정, 업무관련 훈련의 부족 등이 그 원인인 듯합니다. 그러나 누가, 무엇을 해야 하는지에 대해서는 합의가 이루어지지 않는 것 같습니다.
>
> ● BBC 뉴스: 2015년 1월 다보스 세계경제포럼에서

혹시 우주비행사가 되고 싶은 적이 있었습니까? 아무도 가본 적이 없는 별에서 작은 발걸음이지만 위대한 도약을 내딛고 싶었나요? 인간의 인지범위를 넘어서는 외계를 탐험하고 싶었나요? 그렇다면 2011년에 미항공우주국NASA의 스페이스 셔틀 프로그램이 끝난 것은 참

애석한 일이지요. 물론, 무인 탐사선을 궤도에 띄워 보내는 것이 우주비행사를 보내는 것보다 경제적이고 쉽겠지요. 하지만 사람이 직접 떠나는 우주탐험의 꿈은 사람들의 마음에서 사라지지 않았지요. 아이들은 3D 프린팅으로 만든 우주복을 입고 지상통제센터와 통화하는 꿈을 꾸기도 합니다. "휴스턴, 우리가 곧 도착할 것이다." 이렇게 말이지요. 영국 국립우주과학원은 아이들이 단순히 꿈꾸는 것 이상을 이루어 낼 것이라 기대하고 있습니다.

영국의 우주산업은 2030년까지 300억 파운드가 투입될 정도로 급속히 성장하는 분야입니다. 그런데 필요한 인력을 구하지 못해서 어려움을 겪고 있습니다. 학생들이 대학교에서 공부하고 있지만, 우주산업 관련 분야 인재를 찾기 힘든 실정이랍니다. 전통적인 대학교육을 받은 학생들 중에서는 전문인력을 못 찾고 있는 셈이지요. 결국 국립우주과학원은 더 많은 과학자와 공학자들을 우주과학분야로 유도하기 위해 우주공학 분야 고급 수련과정 first degree-level apprenticeship 을 만들었습니다[1]. 이 수련과정은 참 멋진 해결책이었습니다.

산업계에서는 필요한 인재를 찾지 못하고 대학 졸업자는 희망하는 직장을 구하지 못하는 재능 불일치 현상은 만성적인 문제입니다. 구직자의 모습은 BBC TV 시리즈 〈닥터 후 Dr.Who〉의 주인공이 어울리지 않는 나비넥타이를 매고 시간여행을 하는 것과 비슷합니다. 전문가 양성과정에서는 특히 더 그렇습니다. 마크 에이틴 Mark Eighteen은 액티베이트 엔터프라이즈Activate Enterprise[2]의 주요임원입니다. 이 회사는 '인재부족' 문제에 대한 해결책을 제시하는 일을 하고 있는데요. 필요한 기업에게 신입사원 훈련 프로그램을 제공하고 수습과정 프로그램 apprenticeship programme을 관리해 줍니다. 영국 기술발전의 허브라고 할 수 있는 옥스퍼드에 근거지를 두고 있지요. 영국에서 수습과정 프로그램 추가세금법이 2017년에 시행되면서 액티베이트 엔터프라이즈의 사업은 더욱 호황을 누릴 것 같습니다. 적합한 인재를 기다리는 청년 일자리가 많이 있지만, 일자리에 딱 맞는 구직자를 찾는 일은 참 어렵다고 합니다. 이유는 기업이 젊은 구직자들에게 바라는 것과 젊은이들이 구직을 위해 필요하다고 믿는 것들 사이에 심각한 불일치가 존재하기 때문입니다. 액티베이트 엔터프라이즈의 설문조사에 따르면, 기업이 구직자에게 바라는 최우선 능력은 의사소통, 문제해결, 팀워크, 시간관리 능력이라고 합니다. 문제는 대학 졸업자들이 취업을 위해 중요하다고 생각하는 우선순위에서 기업이 원하는 능력들이 낮은 순위를 차지한다는 것이지요. 졸업자들은 직무경험을 최우선으로 꼽았고, 구직정보와 면접기술이 그 다음 순서였습니다.

동서양 대학 졸업생의 취업상황은 차이점보다는 유사점이 더 많아 보입니다. 해가 동쪽에서 뜨니까 동쪽을 먼저 볼까요? 한국에서는 경제적으로 활동을 하지 않는 졸업자가 2014년에 처음으로 300만 명을 넘었습니다[3]. 이 숫자는 계속 증가할 것 같습니다. 싱가포르에서는 대학졸업자의 실업률이 평균 실업률보다 꾸준히 높게 나타나고 있지요[4]. 중국에서는 대학원에 진학하는 학생이 학부만 졸업하는 학생보다 실업자가 될 가능성이 더 높다고 합니다. 인도의 고등교육 이수자 3명 중 1명이 실업상태에서 경제적 고통을 받고 있습니다. 옥스퍼드 대학교 개발지리학과 크레이그 제프리 Craig Jeffrey 교수에 의하면, 인도의 상황은 2만 7000명의 구직자가 한 개의 일자리에 지원하는 것과 같다고 합니다. 현재의 실업률이 우리 아이들의 미래와 무슨 관계가 있을까요?

필요한 능력을 갖춘 것으로 보이는 인재는 점점 늘어나고 있지만 정작 기업은 채용에 어려움을 겪고 있습니다. 특히 인도에서는 기업의 61퍼센트가 필요한 기술을 갖춘 사람들을 고용하지 못하고 있지요[5]. 1인당 GDP의 25퍼센트가 고등교육에 들어가는 일본에서는 이 숫자가 85퍼센트까지 상승합니다. 지금의 미취업자들은 이전 세대보다 더 많이 교육받았지만 취업은 더 못하고 있는 것 같습니다. 이런 마찰적 노동시장은 왜 발생할까요? 세계은행 World Bank은 졸업자의 과잉공급보다는 기술 불일치를 지적하고 있습니다. 아무래도 대학교가 '판매'하는 기술들이 기업이 '구매'하고자 하는 기술들과 다른가 봅니다. 그러니 기술의 부족이라기보다는 기술의 불일치라고 봐야겠지요.

맥킨지 보고서[6] McKinsey & Company study는 이 문제에 대해 기업, 교육기관, 젊은이들이 서로 다른 세계에 살고 있는 것 같다고 지적합니다. 굳이 맥킨지 보고서가 아니라도 이미 그렇게 보입니다. 시민들에게 도덕적이고 학문적인 기초를 제공하는 것은 교육의 오랜 이상이었습니다. 교육에 대한 새로운 요구사항은 기업에게 주주의 이익을 창출해낼 인재를 제공하고, 궁극적으로 국가의 지속적인 경제성장을 위해 필요한 인재를 배출하는 것입니다. 현재 교육체계는 전통적인 과업과 사회의 새로운 요구 사이에서 갈등하고 있습니다. 여러분은 방금 언급된 사례들이 그 나라에서만 있는 일이라고 생각할지도 모르지만, 안타깝게도 이 문제는 전 지구적인 고민입니다. 보고서에 따르면 유럽 교육기관의 74퍼센트는 졸업생들이 직무에 잘 준비되어 있다고 확신하지만, 기업의 35퍼센트만이 동의하고 있다고 합니다. 교육기관, 기업, 졸업생들이 상대방의 기대와 필요에 대해 서로 이야기하지 않는다는 것만은 분명해 보입니다.

요즘의 졸업생들에게 정말로 부족한 기술은 도대체 무엇일까요?

의사소통 기술, 팀워크, 창의력, 직업윤리 등과 같이 부드러운 인간관계를 위한 기술, 즉 소프트 스킬입니다. 여러분도 이런 것들을 대학에서 배우지 못했을 것 같네요. 교육기관들은 기업들의 목소리는 잘 듣지 않는 듯합니다. 영국의 기업들은 880억 파운드[7] 가량의 금액을 문제해결 능력, 의사소통 능력, 의사결정 능력, 팀워크 능력과 같은 소프트 스킬들을 가르치는 교육 프로그램에 지출하고 있습니다. 영국의 한 경제연구소에 따르면, 소프트 스킬의 부족 때문에 2020년까지 50만 명 이상의 구직자들이 직업을 찾기가 어려울 것이라고 합니다.

미국도 대학 졸업생의 실업률이 44퍼센트[8]라고 하니, 상황이 크게 달라 보이지 않습니다. 오바마 대통령과의 기업인 간담회에서 텍사스 출신인 렉스 틸러슨 Rex Tillerson 엑슨 모빌 회장은 "학교는 기업이 자신들의 고객이라는 것을 잘 모르는 것 같다. 기업은 학생들의 교육적 성취에 대한 기득권을 가지고 있고, 교육에서의 실패는 결함있는 사람들을 만들 것이다. [9]" 라고 지적했습니다.

딜로이트 사에 따르면, 기업들은 고도로 숙련된 인력[10]을 찾고 있다고 합니다. 그들이 말하는 고도로 숙련된 인력은 창의성, 문제해결 능력, 비판적 사고력과 같은 적응력을 보유하고 있지요. 이런 것들이 굳이 설명할 필요가 없는 기본적인 능력이어야 할까요? 미국 대기업의 절반 이상[11]이 과학 Science, 기술 Technology, 공학 Engineering, 수학 Mathematics 분야 졸업생들이 부족하다고 말하는 것을 보면, 문제해결력과 비판적 사고력은 사치처럼 보이기도 합니다. 제가 아이들의 미래에 우울한 그림을 그리고 있군요. 사실 살바도르 달리 Salvador Dali의 그림처럼 복잡한 현실을 말씀드리고자 했습니다. 미국의 정책 입안자들은 기술적인 능력들이 문제의 전부가 아님에도 과학, 기술, 공학, 수학적 지식만으로 스킬 갭 문제를 해결할 수 있다고 생각할까요? 스킬 갭이 존재한다면, 아이를 키우는 엄마, 아빠에게는 무슨 의미일까요? 내 아이는 좀 다르고, 학교에서 무엇을 배우든지 취업시장에서 필요한 것을 알아서 잘 할 것이라고 믿으면서 그냥 되는 대로 키워야 할까요?

이런 질문들에 대해 수개월 간 연구한 후에 좋은 뉴스와 나쁜 뉴스를 알게 되었습니다. 좋은 뉴스를 먼저 볼까요?

2020년까지 전 세계 기업들은 숙련된 인력이 8500만 명 정도 부족한 상황을 맞이할 수도 있습니다[12]. 지금 학생들이 잘 준비하면, 8500만 개의 일자리가 기다리고 있다는 의미겠지요?

나쁜 뉴스는 대학교의 변화 속도는 기업보다 느리다는 것입니다. 대학교는 기업의 요구사항들을 여전히 인식하지 못하거나, 가까스로 요구사항들을 맞추려 할 것입니다. 대부분의 아시아 국가들과 서구 선진국들이 고등교육을 경제성장 계획 안에 포함시키고 있다는 것은 다행스러운 일입니다. 유네스코에 따르면, 고등교육은 더 이상 교육부만의 일이 아니고, 이제는 재무부[13]에서도 신경써야 하는 일이 되었습니다.

전 세계 정부들은 높은 청년실업률과 인재부족이라는 모순된 상황이 만들어 낼 재앙에 대해 무척 고민하고 있습니다. 많은 나라가 최신 기술관련 교과를 개발해 추가하는 식으로 대응하고 있습니다. 특히 애플리케이션이나 웹 개발에 쓰이는 코딩은 청년 관련 이슈들을 위한 만병통치약처럼 통하고 있습니다. 코딩은 요즘 산업의 새로운 언어와 같지요. 많은 선진국에서는 아이들이 코딩을 익힐 수 있도록 서두르고 있습니다. 수학이나 과학 분야에서처럼 이런 기술들에 대한 수요는 분명히 존재하지요. 하지만 이런 식의 접근이 선진국에서의 스킬 갭 문제를 근본적으로 해결할 수 있을까요?

전 세계적으로 코딩과 같은 정보통신기술ICT information and communications technology 교과목은 점점 더 많은 비중을 차지하고 있습니다. 그런데 새로운 기술 과목을 추가하는 것이 학교와 기업 사이의 스킬 갭 문제를 해소하고, 앞으로 10년, 20년 동안 양질의 일자리를 제공할 수 있을까요? 이게 과연 우리가 할 수 있는 최선일까요?

앞으로 10년 후를 생각해 볼까요? 모르긴 해도 코딩을 아주 잘하는 젊은이들이 매우 많아지겠지요. 코딩 기술을 보유한 젊은이들은 창업의 기회뿐만 아니라, 광범위한 산업분야에서 일자리를 찾을 수 있을 것입니다. 다들 아이들이 제2의 주커버그나 스티브 잡스가 되기를 간절히 바라고, 앵그리버드나 마인크래프트 같은 게임회사의 대표가 되기를 바랍니다. 코딩을 할 줄 알면 그렇게 될 수 있을까요? 과연 그럴까요?

무엇이든지 너무 많아지면 그 가치는 떨어지는 법입니다. 이런 식이면 프로그래머들이 새로운 조립라인에서 일하는 노동자가 될 것입니다. 2030년 즈음에 프로그래머에 대한 기업의 수요가 충족되면, 우리는 또 다른 문제를 안게 되겠지요. 이런 비트 bit 나 바이트 byte 같은 단순 기능을 지속가능한 아이디어와 사업으로 전환시킬 수 있어야 합니다. 엔데버 인사이트 Endeavor Insight 는[14] 창업을 시원하는 글로벌 비영리 조사기구입니다. 엔데버 인사인트의 연구에 따르면, 뉴욕시에서 기술기반 스타트업 창업자는 대학을 갓 졸업해서 엄청난 포부를 안고 자신만의 기술지식을 기반으로 초라한 창고에서 사업을 시작하는 사람이 아닙니다. 뉴욕시는 두 번째로 크고 빠르게 성장하는 스타트업의 허브입니다. 과학, 기술, 공학, 수학 관련 교육이 미국 창업 지원 정책의 중심임에도 불구하고, 이런 창업자들 중에서 오직 35퍼센트만이 과학, 기술, 공학, 수학 전공자라는 사실은 참 흥미롭습니다. 딱 35퍼센트만이 기술관련 전공자라는 것을 기억하세요. 기술기반 창업을 하기 위해서 그들은 도대체 무엇을 공부하였을까요?

엉뚱하게도 역사, 철학, 마케팅, 경영, 재무 그리고 경제학 등입니다. 이상하지요? 호기심 천국에 검증을 의뢰해 봐야 할 만큼 흥미롭습니다. 가장 일반적인 중간 경력의 전문가 창업자들은 평균 31세에 기술분야를 전공하지 않은 사람들입니다. 이들 창업자들은 프로그래머들을 고용하여 자신들의 비전을 실현하고, 상품을 시장에 내놓지요.

아시아 시장을 다룬 어느 유네스코 보고서는 '기술적인 기능들technical skills 은 산업화의 기반이고, 개발도상국 입장에서는 아주 중요하다. 그러나 경제가 노동 사슬을 걷어 올리고, 서비스 중심 환경으로 변화함에 따라서, 고차원적인 사고력과 대인관계, 자율성, 과업과 관련된 행동 기술이 경제성장을 견인하고 일자리를 창출하게 된다.'[15]라고 강조합니다.

저는 고차원적인 사고력과 행동 기술에 대해 많은 교육기관들이 빠졌던 함정에 빠지고 싶지는 않습니다. 이런 능력들을 거품처럼 추상적인 개념으로 만들어서 결국에는 가르치기 어려운 것으로 만드는 잘못을 저지르고 싶지 않습니다. 기업들은 훌륭한 사고력을 보유한 사람이나 문제해결력을 갖춘 인재를 구할 때 비판적 사고력을 염두에 두는 것 같지는 않습니다.

기업은 정부가 기업을 무시하고, 교육기관들이 기업을 오해하고 있다고 주장합니다. 그렇다면 바로 지금 기업들의 가장 아픈 지점을 찾아서 그 통증을 치료하고, 10년, 15년 넘게 이윤을 가져다줄 기술을 알아봐야겠지요. 그뿐만 아니라 고차원적 사고력과 대인관계, 자율성, 과업과 관련된 행동 기술이 기업에 시사하는 바가 무엇인지 분석하고, 이 모든 것들이 우리 아이들에게 무엇을 의미하는지 살펴보겠습니다.

기업의 미래 생존

미래는 현재와 다를 것이라는 생각은 전통적인 사상과 행동방식의 관점에서는 불편한 면이 있다. 그래서 우리 대부분은 실제로 미래는 현재와 다를 것이라는 생각에 근거해서 행동하려 하지 않는다.

● 존 메이너드 케인스(John Maynard Keynes), 1937

지금으로부터 15년 후 세상을 상상해 보세요. 참 까다로운 일이지요? 최대한 정확하게 미래를 상상하기 위해서는 사회적인 편견과 전통적인 지식이나 종교, 국가적인 경향성이 있어서도 독단적이어서도 안 됩니다. 다시 말해 여러분은 모든 신념과 사고의 틀에서 중립적이어야 합니다. 거의 불가능할 정도로 무리한 요구겠지요.

과거로부터 오늘까지 봐 왔던 모습이 미래에는 달라지거나 사라질 수도 있습니다. 미래 세상에 존재하지 않을 수도 있는 직업에 대해 걱정할 필요가 없지요. 꼬마는 자라서 아빠처럼 치과의사가 될지도 모르지요. 그런데 15년 후의 치의학은 지금과는 아주 다른 모습일 수도 있습니다. 새로운 레이저 치료 기법을 익혀야 하고, 성형이나 다른 서비스를 해야 할 수도 있습니다. 미래 세상에서 가장 성공적인 치과의사들은 시장에서 요구하는 기술을 갖추어야 합니다. 건강한 치아를 가진 환자의 라이프스타일에 따라 적합한 치과 제품을 판매해야 할지도 모릅니다.

터치스크린 뒤에 갇혀 있는 픽셀들이 현실 세상에서 우리와 상호작용을 할 수 있을 것이라는 루머[1]가 IT 업계에서는 벌써 돌고 있습니다. 저렴하면서 상호작용이 가능하고, 3D 안경도 필요 없는 3D 플랫폼이 등장할 것입니다. 그다음에는 무엇이 나타날까요? 세상 밖으로 나온 픽셀들은 우리를 위해 무슨 일을 하고 있을까요? 미래 직업 환경에서 어떤 기회들을 만들어낼까요? 픽셀들을 다루기 위해 어떤 기술이 필요할까요? 우리는 이런 미래의 직업들을 온전히 상상할 수 없습니다.

지금은 보이지 않는 기회를 극대화하기 위해 미래의 트렌드를 읽어내야 합니다. 참 쉽지 않은 일이지요. 바로 앞에 보이는 지평선 너머 무엇이 있을지 파악하는 것이 최우선이라는 것은 놀라운 일이 아닙니다. 인구 고령화, 1인 가구의 증가, 기후변화의 영향, 몰입형 가상현실과 같은 현상들은 최근에 급부상하고 있는 주제들입니다. 기업의 경영자라면, 당연히 이런 현상들을 고려하여 사업 구상을 해야 합니다. 하지만 경영자들을 잠 못 이루게 하는 것은 또 있습니다.

IBM의 글로벌 경영 연구가 하는 일이 바로 기업의 미래에 대한 걱정들을 짚어보는 것입니다. 매년 IBM의 연구원들은 70개 국가의 4000명 이상의 기업경영자들과의 인터뷰를 진행하고, 그 결과를 IBM.com에 발표하지요. 2013년 설문에 응한 모든 CEO들은 기술이 그들의 회사에 영향을 주는 가장 중요한 외부요인이라고 지적했습니다. 단순히 인터넷의 사용이나 스마트폰에 새로운 앱을 설치하는 것을 생각하면 안 됩니다. 산업분야에 관계없이 전 세계의 기업 리더들은 새로운 디지털 영역이 기존의 경영방법에 변화를 불러일으키고 전에 없던 기회를 창출할 뿐만 아니라 새로운 문제해결 능력을 요구하는 도전들이 생겨날 것이라고 믿고 있습니다. 이런 새로운 기술들은 위키피디아가 지식에 대한 접근법에 미친 변화는 물론 소셜미디어가 비판적 사고에 미친 파급력보다 더 큰 영향을 끼칠 것입니다. 이런 생각은 2014년에 시장과 기술이 오늘날 기업에 영향을 주는 가장 강력한 외부요인이라고 선정되었을 때 다시 한번 주목받았지요. 2015년에는 규모와 속도면에서의 파괴적 혁신이 기업의 생존에 있어서 가장 중요한 요소 중 하나라고 꼽았습니다. 기업이 살아남으려면 직원들에게 성공하기 위해 필요한 기술들을 훈련시킬 수밖에 없다고 했지요.

디지털 영역은 현실의 전자적인 영역과 물리적인 영역의 교차점에 자리합니다. 스마트 디지털 알약, 자가 치유 자동차, 지능형 의류, 살아있는 조직을 가진 3D 프린팅 등과 같은 기술들은 가상과 현실의 경계를 모호하게 만듭니다. 눈을 반짝이며 수익을 기다리는 주주들의 눈치를 봐서라도 경영자들은 새로운 상업적인 성장을 추진할 수밖에 없습니다. 그러나 미래의 수익창출에 근거가 되는 기술은 아직 걸음마 단계입니다.

IBM 설문에 답한 기업 중 3분의 2는 디지털 전략이 취약하거나, 아예 전략이 없는 경우도 있었습니다. 많은 경영인들은 이 문제가 기업이 직면한 최대 난제 중 하나라는 것을 깨달을 때까지 움직이지 않습니다. 데이터는 침실에 숨어 있는 괴물이나 회의실에 들어와 있는 큰 코끼리와 같은 존재일 수 있습니다. 침실에서 괴물을 발견하거나, 좁은 회의실에 코끼리가 들어와 있는 것과 같이 피할 수 없을 정도가 되어야 심각성을 깨닫지요.

일부 최고경영자들은 3년 전보다도 빅데이터를 다룰 준비가 되어 있지 않은 것 같습니다[2]. 디지털화가 전에 없이 복잡하고 정교화되면서 온라인에서 상호작용하고 거래하고 표현하는 개체들이 변하고 있습니다. 생성되는 데이터의 양은 앞으로도 계속 늘어날 것입니다. 인류 태초 문명부터 2003년까지 만들어낸 정보의 양은 현재 이틀에 한 번 꼴로 생산되는 양과 비슷합니다[3]. 데이비드 솅크David Shenk[4]는 그의 저서에서 '정보는 캐비아처럼 희귀하고 소중했던 적이 있지만, 지금은 너무 많아서 감자처럼 흔해졌다.'라고 표현했습니다. 모든 요리사가 으깬 감자를 만들 수 있지만, 경쟁 식당들보다 돋보이게 하고 딱 맞는 가격에 딱 맞는 수의 손님을 끌어모을 수 있는 요리로 변화시켜야 경쟁력이 생깁니다. 이를 위해 남다른 생각과 디자인 그리고 마케팅 기술이 필요하겠지요.

다섯 개의 다국적 기업 중에서 한 곳만이 그들의 빅데이터를 온전히 활용할 능력을 갖추고 있습니다[5]. 이런 통계는 더 나빠질지도 모릅니다. 데이터의 양과 종류가 맹렬한 속도로 증가해서 데이터를 이해하고 활용하는 능력이 그 속도를 따라가지 못하게 된다면 말이지요. 만성적인 정보 과부하는 기업의 장기적인 성장전략에 걸림돌이 될 것입니다. 경영자들은 더 많은 데이터를 이해해야 할 뿐만 아니라, 점점 더 까다로워지는 고객들도 상대해야 합니다. 상품과 서비스를 이용하는 소비자들이 블로그나 페이스북, 트위터, 구글플러스, 인스타그램, 유튜브 등에 안 좋은 내용을 퍼뜨리면 건실한 회사도 타격을 받을 수 있지요. 여러분이 이 책을 읽는 순간에도 새로운 정보공유 사이트가 만들어지고 있습니다. 마케팅 책임자들은 소셜미디어 도구와 기법들을 활용해야 하는데, 어른들보다 아이들이 더 잘합니다[6]. 우리 아이들은 디지털 데이터 클라우드 세계에 자신들의 생각을 공유하면서 성장하고 있으니까요.

다른 아이들도 똑같은 환경에 둘러싸여 있으니, 특별히 유리할 것은 없지요. 우리 아이들에게 필요한 것은 소셜미디어에 의해 생성되고, 전 세계의 서버에 지속적으로 쌓이고 있는 '데이터의 바다'를 잘 이해하는 능력입니다. 우리는 이미 너무 많은 정보에 빠져 허우적대고 있습니다. 우리는 의사결정 과정에서 어떤 정보를 활용하고, 어떤 정보를 무시해야 할까요? 고차원의 사고 방식과 행동 기술을 이용하여 평범한 감자를 멋진 요리로 변화시킬 수 있을까요?

온라인 채용사이트를 보면, 세계적으로 성공한 기업들에서 일하기 위해 필요한 고차원적인 사고력과 행동 기술들이 무엇인지 알 수 있습니다.

2014년 회계법인 어니스트 앤드 영은 대략 1만 6000개의 포지션에 대한 채용을 하고 있었습니다. 이 회사는 기술적인 능력과 기업문화와의 적합성 이외에 무엇을 살펴보려 했을까요? 채용담당자들은 문제해결을 위한 열정과 복잡한 문제들을 처리하고 통찰력을 키우는 능력을 가진 사람들을 찾고 있었습니다. 국경을 넘나들며 일하기 위해서는 세계화된 마음가짐 역시 필수입니다[7].

인텔도 혁신적인 인재를 구하고 있습니다. 새로운 사고 방식에 불붙일 사람들을 찾고 있지요[8]. KPMG에서 면접을 보려면 소셜미디어를 잘 이용할 수 있어야 합니다. 지원자들은 트위터에 글을 남기고, 링크드인 LinkedIn(일종의 온라인 비지니스 네트워크 서비스임-편집자 주) 프로필을 준비하고, 전문적인 내용을 다루는 포럼에 참여해야 합니다[9]. 패션기업인 노드스트롬은 호기심 많고 혁신적인 지원자들을 찾고 있습니다[10]. 어도비 Adobe는 한단계 더 나아갑니다. 혁신을 추진할 능력에 더해서 감성지능이 뛰어난 지원자를 원합니다[11]. 제넨테크 Genentech는 스마트하게 위험을 감수하는 능력은 회사에 귀한 자산이라고 말합니다[12].

유럽의 실리콘 밸리라고 불리는 영국 템스 밸리에 위치한 마이크로소프트 영국지사에서 진행된 기술 콘퍼런스에 몇몇 첨단기술 기업들의 대표들과 함께 참석한 적이 있습니다. 오전 토의시간을 달구었던 주제는 첨단기술 분야에서의 스킬 갭의 상황이었습니다. 이것이 기업의 이익에 직접적인 영향을 주는 것을 보고 깜짝 놀랐지요. '입사지원자들에게 부족한 기술은 무엇인가?'라는 질문에 대한 답변[13]을 아래에 나열해 보겠습니다.

- 동기화, 야심, 개성
- 문제해결, 창의적 사고
- 비판적 사고
- HTMLHypertext Mark-up Language 5, CSScascading style sheets, SQLstructured query language
- 창의력
- 협업능력
- 기술을 이용하여 성과를 내는 능력
- 투지, 결의
- 더 많이 기여하고자 하는 욕구
- 적극적 경청
- 열정과 열의
- 의사소통 기술
- 말로 생각을 잘 표현하는 능력

- 언어
- 협력적 의사소통
- 사업적 재능
- 창의적 사고
- 비판적 사고와 분석

프로그래밍 언어에 대한 응답은 한 개뿐이네요. 보이시죠? 대다수는 소프트 기술들을 외치고 있는데, 그 중에서도 커뮤니케이션 능력이 단연 두드러지네요.

측정가능하고 구체적인 하드 스킬을 필요로 하는 기업들조차도 소프트 기술의 필요성을 강조합니다. KPMG와 프라이스워터하우스쿠퍼스와 같은 거대 회계법인들도 지금은 소프트 스킬을 기능적인 능력보다 더 가치있게 평가한다고 인정했습니다[14]. KPMG에 따르면, 인터넷은 기능적인 지식을 담는 새로운 종류의 그릇일 뿐입니다. 결국 사람의 두뇌가 방대한 양의 데이터를 기억하는 것보다 더 가치있는 일을 할 수 있게 합니다. 수잔 페리어Susan Ferrier KPMG 글로벌 인사 총괄은 말합니다. "여러분이 어떻게 협력하고, 얼마나 창의적으로 문제를 해결하며, 어떻게 진정으로 사람들을 이끄는가가 더 중요합니다."

이력서는 사라지고, 인공지능은 영원하리라

하버드대학교에 입학하는 것이 구글에 들어가는 것보다 더 쉽다는 것을 아시나요? 전 세계에서 가장 입사하고 싶어하는 회사 중 하나인 구글에서 뷔페식 무료 유기농 델리deli를 즐기며 일할 확률은 130분의 1입니다. 우리 세대에게는 가장 권위있는 고등교육기관 중 하나인 하버드대학교에 입학할 확률은 14분의 1 정도입니다. 연간 100만 명 이상의 구직자들이 구글에 지원하고, 그 중에 0.4~0.5퍼센트 정도만 최종 입사에 성공합니다. 인턴십 지원자는 모집인원의 26배를 넘습니다. 1500개 포지션에 평균적으로 4만 명 정도가 지원하고, 그 수는 계속 증가하고 있습니다. 그래도 정식입사에 비하면 거저먹는 거나 마찬가지네요.

돈으로 살 수 있는 가장 순수하면서 가치있는 데이터를 만들어내는 기업이니만큼, 채용과정에서 뛰어난 분석력을 이용하는 것은 당연하겠지요. 채용과정의 주요 설계자인 라즐로 복Laszlo Bock은 면접과정에서 학교성적은 중요성이 가장 낮은 항목이라고 강조했습니다. 대부분의 구글 임직원들은 이미 잘 알고 있겠지요. 학교성적은 최종 선택 단계에서는 더 무시된다고 합니다[1]. 채용에 관한 16년간의 데이터를 보면 학업성적이나 기능적인 능력은 첨단기술을 다루는 회사에 진정한 가치를 더하지 못한다는 게 복 전 부사장의 말입니다. 구글이 원하는 인재는 학습능력이 뛰어나고, 정신적으로 민첩하며, 특정 분야에서의 오랜 전문성에 사로잡히지 않는 사람이기 때문입니다.

세계적인 기업인 구글의 채용과정은 회사의 미래를 만들어낼 지원자들을 알아내기 위한 방향으로 잘 갖춰져 있습니다. 라즐로 복 전 부사장이 호기심, 지적인 겸손함, 정신적 회복력을 강조하는 것은 그게 '구글다워서'가 아닙니다. 이런 능력들이 현재의 구글을 만들었고, 앞으로도 구글이 전진하기 위해 필요한 요소들이기 때문일 것입니다.

복 전 부사장은 정신적 회복력을 여러 차례 강조했습니다. 학업적인 성공만 해온 사람이라면 좌절해 본 적도, 실패로 망가진 적도 없을 것입니다. 그렇기 때문에 실패로 무너져내리기 쉽겠지요. 내부적으로 구글은 실패를 많이 합니다. 실패 과정은 미지의 영역을 탐험하는 것과 같습니다. 회복력이 없다면 새로운 앱도 첨단기술도 탄생할 수 없겠지요.

지적인 겸손함에 관해서, 복 전 부사장은 면접장에서 '캐나다에 소가 몇마리가 있는가?'와 같이 유별나고 희한한 질문들을 했던 일을 후회합니다.

"완전히 시간낭비였습니다. 그런 질문들은 아무것도 기대할 수 없고, 면접관만 우쭐하게 만듭니다."

글쎄요, 우리 아이들이 구글같은 회사에서 일하기를 원한다면, 다행스러운 말이네요. 그런데 구글이 아닌 다른 회사에 들어가고 싶다면 어떡하죠? 학교성적과 교육에 들인 정성을 중요하지 않다고 보는 것은 단지 구글만의 경우일까요? 아닙니다. 이게 요즘 대세인 것 같습니다. 기업 채용의 오랜 신념과도 같았던 형식화된 이력서에서 핵심만 보려는 것이지요. 이력서는 이제 유물과도 같습니다.

2015년 2월 프랑스의 화장품 기업인 로레알이 중국에서 진행한 채용에서 3만 3000명의 지원자들이 몰려들었습니다. 일자리 수는 겨우 70개에 불과했다고 합니다. 3만 3000개의 이력서를 취합하면서, 채용 담당자들은 이제는 다른 방식으로 사람을 뽑을 때가 되었다고 생각했습니다. 결국 로레알은 "이력서를 보내지 마십시오. 이제 이력서를 읽지 않습니다."라고 선언했습니다. 대신에 지원자들이 온라인으로 답해야 하는 질문 3개를 제시했습니다. BBC와 로레알이 밝힌 질문들 중 하나를 볼까요?

당신이 정말로 진행하고 싶은 프로젝트를 위해 1개월의 시간과 2만 5000 위안의 예산이 있다면, 당신은 무엇을 할 것인가?[2]

졸업한 대학교의 이름이나, 화학과목 점수, 언어능력 점수 혹은 가장 원하는 것들과 가장 큰 실패 등과 같은 뻔한 답변은 요구하지 않았습니다. 회사는 지원자들이 답변한 많은 문장들을 인공지능 프로그램으로 분석하였습니다. 그 결과 적합한 후보자들이 선별되었고, 최초 지원자들 중에서 오직 500명만이 화상 면접에 초대되었습니다. 로레알의 채용책임자는 이력서를 열심히 읽는 것이 '가공되지 않은 원석과 같은 재능'에 대한 통찰력을 제공하지 못한다고 고백했습니다.

안타깝게도 지금까지 이야기했던 기술들은 학교에서 가르치는 주요 내용은 아닙니다. 그래도 너무 실망하지 마세요. 아이에게 레고 블록을 깨부수고, 방바닥에 쌓인 플라스틱 더미에서 어떤 패턴을 찾게 하라고 말하는 것이 아닙니다. 아이의 성격을 잘 이해하기 위해 치료사를 찾으라는 것도 아니고요. 어떻게 하면 아이들이 어떤 정보에 관해서 다른 방식으로 생각할 수 있게 하는지를 고민해야 합니다. 특히 답을 모르거나, 정해진 답이 없는 영역에서 더욱 그렇습니다. 아이들에게 인지적 도구를 제공하고, 정신적으로 불편한 상황에 노출하는 것이 필요합니다. 이런 시도는 아마도 여러분이 제공할 수 있는 최상의 교육이 될 것입니다.

아이들의 미래를 위해 우리가 꼭 기억해야 할 것은 아이들이 어른이 되어 경제활동을 하기 위해 필요한 기술들이 있다는 것이다.

고차원적인 사고력과 행동적인 기술들에 대해 꽤 길게 이야기하였는데, 이런 단어들이 회의실에서 영혼 없이 돌아다니는 표현들처럼 들릴 수도 있다. 기업이 실제로 무엇을 원하는지, 그리고 그 이유는 무엇인지 요약해 보자.

1. 시스템 사고

빅데이터가 계속 증가함에 따라서, 복잡성을 단순화시켜야 하는 필요성도 역시 커지고 있다. 데이터를 해석하고 혁신으로 가는 결론을 도출하는 능력은 이미 수요가 많은 기술이다. 시스템 사고를 잘 이해하고, 혁신에서 시작하여 첫 번째, 두 번째 명령의 결괏값을 만들어내는 능력은 기업이 자연스럽게 요구하는 능력이다.

2. 위험감수와 실패

이전에 있지 않았던 아이디어를 다루는 일을 한다면, 위험과 실패는 패키지의 일부와 같다. 위험과 실패는 기존의 질서를 무너뜨리기 위한 전제조건이고, 스타트업을 위해 필수적이라는 것을 이해하면 도움이 될 것이다. 측정된 위험을 감수하는 능력은 구글과 같은 회사에서는 이미 중요한 덕목이다. '이전에 실패를 해 본 적이 있는가?', '실패를 어떻게 다루었는가?'와 같은 질문은 면접장에 자주 등장한다. 예를 들면 지난 2010년에 크게 실패했다면, 개인적으로 받은 충격을 어떻게 극복하고 정상으로 돌아왔는지 듣고 싶어한다. 맞춤법 실수나 반장선거에서 떨어졌거나 하는 이런 걸 알고 싶어하는 것이 아니다.

3. 글로벌 마인드

대부분의 기업들은 글로벌화되어 있거나 글로벌화되려 한다. 글로벌 환경에 이미 노출되어 있다면 유리할 것이다. 미국인 친구가 몇 명 있는지도 중요하겠지만, 다양한 문화권에서 일하거나 오랫동안 체류한 경험이 있으면 더 좋을 것이다. 부활절 주말에 잠깐 파리에 갔다오는 것을 말하는 것이 아니다. 이국적인 어떤 곳에서 여름 보내기, 세계 반대편에 있는 나라에서 인턴하기, 고등학교 졸업 후 1년 정도 해외여행하기, 이스라엘 키부츠 같은 문화체험도 좋고, 어학연수도 괜찮다. 물론, 이런 것들이 꼭 필수적인 것은 아니다. 그래도 다국적 기업 입장에서는 꽤 가치있는 경험이다. 영국의 졸업생 채용자 협회의 CEO인 스티븐 이셔우드는 다음과 같이 말한다. "점점 더 많은 기업들이 '글로벌 마인드'를 갖춘 인재를 원한다. 다른 문화권의 사람들을 잘 이해하고, 국경을 넘나들면서 일할 사람이 필요하다."

4. 혁신과 문제해결 능력

이전에는 생산성이 높으면 보상을 받았다. 창의적인 일은 연구개발이나 마케팅 부서의 역할이었다. 지금은 일을 더 빠르게 하는 법과 비용 효과적으로 하는 것, 고객의 불만을 해결하는 것, 그리고 좋은 생각을 만들어 내는 것은 모든 영역에서 필요한 능력이다. 기업은 경제적인 성장을 추진하기 위해서는 창의력이 꼭 필요하다는 것을 잘 알고 있다. 그럼에도 어도비의 자체 연구에[3] 따르면, 학교 교육이 이토록 중요한 능력을 억압하고 있다고 한다. 이런 걱정뿐만 아니라, 창의력을 키우는 방법에 대해 나중에 더 이야기 할 것이다.

5. 행동적인 지능

기능적인 기술들도 당연히 중요하다. 하지만 감성지능과 사회성 지능과 같은 행동적인 기술들이 신입 포지션에도 점점 더 필요해 지고 있다. 동료나 고객들과 함께 일한다면 다른 사람들에게 영향 을 주는 능력이 있어야 한다. 판매능력만으로는 부족하다. 아이가 무엇인가에 관심을 가지고 있다면, 그게 레모네이드 판매대라고 해도, 감성지능은 교육과정의 일부가 되어야 한다. 어떻게 해야할 지는 잠시 후에 다루고자 한다.

현재와 미래의 고용가능성이 수학점수뿐만 아니라 적응능력, 회복 력, 감성지능, 사회성 지능, 원지능raw intelligence에 관한 것이라 면, 학교에서는 이런 재능을 키우기 위해 무엇을 해야 할까? 왜 아 직도 아이의 감성지능과 혁신능력을 위한 등급이 없을까? 학교는 하드 스킬과 소프트 스킬에 대한 필요를 모두 충족하고 있는가? 미래의 글로벌 인재를 양성하기 위해 헌신하고 있는 사람들에게 무엇을 기대해야 할 것인가?

독자에게 전하는 말씀

• • •

학교 시스템이 비판적 사고능력에 어떻게 영향을 주는지 이미 잘 알거나 전 세계의 학교 시스템이 어떻게 다른지에 대해 관심이 없다면, 3장을 건너뛰고 바로 4장으로 넘어가셔도 됩니다. 4장부터 실용적인 내용을 다루고 있습니다.

3장

공부 잘하는 아이들은
다 어디로 갔는가

성적 좋은 아이가 생각도 잘할까?

성적 좋은 아이가 생각도 잘할까? 수업 계획서와 관련없는 것은 학업에 방해를 주는 것으로 보인다. '왜?'라는 단어는 학생들을 두려움에 떨게 한다. 자신의 생각에 대한 질문을 받으면 패닉 상태에 빠진다. 아이들에게 스스로 생각하는 법을 가르쳐야 한다는 것은 더 이상 말할 필요가 없다. 하지만 지금의 교육이 학생들에게 요구하는 것은 교과서에 있는 것을 배우고, 규칙을 잘 따르며, 시험에 합격하는 것뿐이다.

● 영국의 부유한 지역의 학업수준이 높은 고등학교에서
인문교과를 가르치는 익명의 교사
2015년 2월 7일, 《가디언 The Guardian》

저는 싱가포르에서 8년 동안 비판적 사고, 행동주의 경제, 의사결정과 같은 주제로 다양한 분야의 최고경영자들과 함께 일했습니다.

2009년에는 싱가포르 중앙은행인 싱가포르 통화청에서 일했습니다. 통화청 직원들을 위해 비판적 사고와 의사결정에 관한 MBA식 교육 프로그램을 가르쳤지요. 그 기간 중에 다양한 나라에서 모인 학생들에게 비판적 사고방법을 가르치기도 했습니다. 학생들의 말투, 경험, 사고 방식, 국가관, 신념과 학교체계는 출신 지역만큼 서로 달랐습니다.

사람들이 학습하는 방식은 제각각입니다. 시각 자료를 좋아하는 학생들이 있고, 이야기를 통해서 배우는 아이들도 있지요. 사실과 데이터가 더 효과적일 때도 있습니다. 학생들을 가르치면서 아이들의 학업 성취도가 국적에 영향을 받기도 한다는 것은 뜻밖의 발견이었습니다. 더 흥미로운 것은 비판적 사고 과목에서의 성취도는 다른 과목의 점수와는 상관관계가 없어 보인다는 것이었지요.

저는 10년 동안 아시아 지역에서 일하면서 출신 나라에 따라 어떤 일관성을 발견했습니다. 예를 들면, 일본 학생들은 아주 많은 정보를 수집하고 시간을 많이 들여 결론을 내리는 편입니다. 인도 학생들은 자신들의 주장을 입증할 데이터가 충분치 않더라도 우선 손을 들고 편하게 대답을 했습니다. 인도 학생들은 자신들의 짐작도 데이터라고 생각하는 것 같았지요. 아이들의 능력치를 얘기하는 게 아님을 분명히 말씀드립니다. 똑똑하고 근면한 학생들과 그렇지 않은 아이들은 나라와 상관없이 어디에나 있습니다.

출신 나라에 따른 독특한 사고 방식을 만들어내는 다양한 학교제도를 좀 더 자세히 살펴보기로 했습니다. 사고 방식의 스펙트럼이 상당히 다양한 건 사실입니다. 그렇지만 각각의 국가가 눈에 띌 만큼 구체적이지는 않았지요. 많이 혼란스러웠습니다. 그래도 다른 나라보다 더 비판적이고 자유로운 사고를 하는 나라가 있었을까요? 그랬던 것 같습니다. 어느 나라일까요? 힌트를 드릴게요. 피사PISA 시험에서 혁신 점수는 높고, 수학과 과학점수는 그렇지 않은 나라에서 온 친구들이었습니다.

여기서 말하는 피사는 피사의 사탑을 말하는 것이 아닙니다. 경제협력개발기구OECD가 진행하는 학업성취도 국제비교연구PISA, Program for International Student Assessment를 가리킵니다. OECD는 3년에 한 번씩 전 세계 경제의 80퍼센트를 대표하는 65개 국가와 도시에서 50만 명 이상의 14세~16세 학생들을 상대로 수학, 과학, 읽기능력을 평가합니다. 2009년에 처음 참가한 이후로 중국의 상하이가 줄곧 1등을 유지했습니다. 2013년 12월에 발표된 결과에서는 상하이를 이어서 싱가포르가 수학에서 2위였고, 홍콩이 3위였습니다. 전반적으로는 유교 문화권에 있는 학생들이 상위권을 차지했습니다. 중국, 한국, 싱가포르, 홍콩 그리고 대만 같은 나라들이지요. 수학에 관한 한, 65개 국가 중에서 미국은 36위, 영국은 OECD의 평균에 근접한 26위였습니다.

제가 경험한 유교문화권에서 특히 싱가포르 학생들은 기본적인 측면적 사고력과 비판적 사고력은 포기 직전의 수준이었습니다. 하지만 이 아이들은 정말로 똑똑합니다. 호주, 영국, 미국 그리고 심지어는 중국 본토 학생들보다 훨씬 똑똑한 것 같습니다. 제가 제시한 수학문제를 우습게 풀어냈지요. 그렇지만 문제들을 뒤집거나, 데이터를 재구성하거나, 새로운 생각을 만들어 내는 것이나, 메타인지metacognition

를 활용하는 것에 있어서는 침묵을 지키고, 어떤 도구나 방법을 활용
해야 하는지에 관한 지시를 수동적으로 기다렸습니다. 아이들은 기술
적인 데이터와 모델들을 쏟아냈지만 저는 완전히 다른 어떤 것을 찾고
있었지요.

제 학생들이 쩔쩔맸던 입문용 문제의 예를 보시지요. 첫 수업시간
에 다루었던 첫 번째 연습문제입니다.

연습문제

당신과 3명의 동료는 싱가포르에서 작은 IT 회사를 창업하였다. 이 회사
는 성장잠재력이 큰 회사이다. 당신은 프로토타입 기술을 새로운 고객이
자 블랙베리 휴대폰으로 유명한 RIMResearch in Motion에 방금 막 설명하
였다. RIM은 새로운 스마트폰을 위한 부품을 생산할 아시아 파트너를 찾
고 있다. 프레젠테이션은 잘 진행되었고, 고객은 싱가포르를 곧 떠나야
하기에 가격협상을 서두르고 싶어하는 것 같다. 당신의 설명이 끝나고,
상대방은 30분간의 휴식을 요청했다. 고객은 가격, 독점성, 제품, 시간에
대해 협상하고 싶어할 것이다. 당신 회사의 제품은 아직 대량생산을 할
수 있는 상황이 아니라서 상대와 협상할 준비가 되어 있지 않다. 당신은
자금이 확보된 후 관련된 정보를 수집하고 조사하려면 최소 한 달이 필요
할 것이다. 경험이 부족한 팀원 한 명은 이미 패닉상태이다. 이 고객을 확
보하는 것은 당신 회사의 성공을 위해 대단히 중요하다.

당신에게 주어진 30분으로 무엇을 할지 10분 안에 결정하라. 당신에게 허용된 모든 도구와 정보를 활용하라.

무엇을 해야 할까요? 당연히 현장의 모든 사람들은 같은 상황에 처해 있습니다. 불합리해 보이지만, 이런 일은 발생하기도 하지요. MBA 학생들과 노련한 기업경영자들은 모두 비슷한 방식으로 행동했습니다.

시간이 짧기 때문에 그룹 내에서 목소리가 큰 사람이 다른 팀원들에게 해야 할 것들을 일방적으로 지시하게 됩니다. 제품 인도기한을 알아내기 위해서는 부품 공급 협력업체와 제조업체에 전화해야겠죠. 가격은 급한 대로 대충 계산할 수밖에 없습니다. 사무실에 전화를 걸어서 정확한 계산을 하도록 요청하기도 합니다. 어떤 상황인지 그림이 그려지지요? 사람들은 바빠지고, 고객의 요구를 충족시키기 위해 각자 최선을 다합니다. 많은 사람들은 이런 것들이 제가 강사로서 원하는 것이라고 생각했습니다.

소수의 참가자만이 '왜 이렇게 큰 휴대전화 제조회사가 증명되지도 않은 제품의 인도기한과 가격을 결정하도록 압박하는 것일까?' 하는 질문을 던집니다. '이 시나리오 자체에 대해 질문을 던져야 하지 않을까?' 이런 의구심을 가진 몇몇은 RIM의 재무상태를 구글링하여 찾아냅니다. RIM의 재무상태는 지난 수년간 좋은 상황은 아니었고, 확실하지 않은 기술을 지원할 능력이 없었습니다. 이를 근거로 아주 소수의 학생들은 이 사업을 하고 싶지 않으며, 재정적으로 건전하지 못한 파트너와 거래하는 것보다 자리를 뜨는 게 낫다는 결론을 냈습니다.

대다수의 학생들은 그 거래나 해당 고객에 대해 묻지 않았습니다. 거래를 성사시키고, 그 거래가 잘 진행될 수 있다는 것을 저에게 보여주려고 했습니다. 학생들은 그렇게 하는 것이 질문이 요구하는 것이라고 생각했지요. 질문을 잘 살펴보면, 이 거래가 중요하다고 생각했던 사람들은 바로 스타트업을 시작한 그들이라는 것을 알 수 있습니다. 제가 아니지요. 저는 학생들이 자신들과 RIM의 경영진에게 각각 사고의 틀에 대해 의문을 가지고 파고들기를 바랐습니다. 그들의 스타트업 회사는 협상해서 왜 코너에 몰렸을까요? 또 그러한 거래로 이득을 취할 수 있을까요? 그 고객을 상대하고 거래를 마무리하기 위해 뛰어들었던 학생들은 목표지향적인 행동을 보였습니다. 이런 행동을 유교문화권 학생들에게서 반복적으로 봤습니다. 더 큰 그림을 찬찬히 볼 수 있는 학생들도 몇몇 있었습니다. 이런 학생들은 비판적 사고를 하고, 과정지향적으로 행동한다는 것이 증명되었지요.

제가 첫 시간부터 너무 깊은 물속으로 끌고 간 건 사실입니다. 학생들은 저를 좋아하지도 싫어하지도 않았습니다. 잘 헤엄쳐서 나오는 친구들도 있었지만, 대부분은 돌덩이처럼 가라앉았습니다. 학교는 학생들에게 제시된 제한조건 내에서 문제를 풀라고 합니다. 그 제한조건에 대해 의문을 제기하지 말라고 가르쳤지요. 학교에서 혹은 직장에서 교육을 통해 형성된 사고 방식을 다시 바꾸는 건 참 힘든 일입니다. 학생들은 평가 가능한 결과를 달성하기 위해 결과지향적이거나 목적지향적으로 되어야만 했습니다. 거의 모든 학생들에게 시험점수가 곧 학업적 성취이지요. 학교는 시험을 잘 치기 위한 것들을 가르칩니다. 그렇지 않으면 세계에서 가장 똑똑한 아이들이 모인 학급에서 수학점수를 잘 받을 수 없겠지요? 비판적 사고는 생각하는 것에 대해 생각하는 능력입니다. 즉, 무엇을 생각하느냐가 아니라 어떻게 생각하느냐가 중요하지요.

유교문화 국가들은 10세기 이후로 대부분 계속 과정보다 결과를 지향하는 사회였습니다. 정부관료가 되기 위해서는 공식 시험에 합격해야 했습니다. 직책과 직위는 시험점수로 결정되었지요. 송나라 시대 이후 시험성적만이 승진을 위한 유일한 방법이었습니다. 명시적인 기준에 근거하여 사람의 적성을 정의하고 측정할 수 있는 시스템을 계속 고수했지요. 중국의 인구는 13억이나 되고, 상하이 시의 인구는 2300만인데, 1제곱 마일 당 거주민 수는 9700명이나 됩니다. 이런 나라에서 객관적 실력 측정이 가능한 시험에 의존하는 것은 당연해 보입니다.

전 세계적으로 PISA 순위는 중요합니다. 점수가 좋지 않은 나라의 유력인사들이 성적이 좋은 나라들을 방문하게 만들 정도로 매력적이지요. 그들은 세계에서 가장 똑똑한 아이들을 만든 비법을 얻어 가리라는 희망을 품고 찾아옵니다[1]. 2013년 12월에 PISA 결과 발표 2달 후에, 영국의 대표사절단도 상하이를 방문했습니다. 방문 결과에 따라 영국의 교육정책을 수정할 계획이었지요.

아나운서는 2012년 PISA 시험이 비판적 사고 테스트라고 단언했습니다[2]. 아시아 국가들은 시험 결과에 대해 자랑스러워하지만, 저는 제 주변을 둘러보면서 비판적 사고를 잘한다는 많은 아이들이 성인이 되면 어디로 사라지는지 궁금했습니다. 싱가포르에서는 학생들이 학교생활 내내 '상자 그 자체'만을 탐구하다 보니 '상자 밖'은 생각하지 못한다는 우스갯소리가 있습니다. 똑똑한 아이들이 어디로 사라졌는지 알아내고 싶었고, PISA 시험이 바로 그 시작점이었습니다.

제 능력이 열다섯 살 아이보다 더 나을까요? PISA 시험에 나온 스물여섯 개의 문제를 풀면서 들었던 의문이었습니다[3]. 솔직히 말하면, 딱 열다섯 살 수준 정도만 되어도 좋겠다고 생각했지요. 혼자서 시간제한 없이 푸는데도 불구하고, 시험지 위에서 손이 떨리는 것을 느꼈습니다. 비판적 사고 문제를 풀기 위해 첫 장을 넘겼습니다.

처음에는 순조로웠습니다. 1번 문제는 어느 아파트의 바닥면적을 계산하는 최선의 방법을 찾는 것이었습니다. 다음 문제는 분수가 들어 있는 공식에 관한 것이었지요. 분자에서 숫자 하나가 바뀌면 답은 어떻게 바뀌나 같은 것이었습니다. 그 당시 제 아들의 숙제가 분수에 관한 것이었던 게 확실히 도움이 되었습니다. 눈 하나 깜빡이지 않고 해치웠지요. 물론 아들 숙제가 아니라, PISA 방정식 문제를 말입니다.

풍력을 이용해 항해를 하고 대관람차를 움직이게 하는 것에 관한 문제들을 풀어나갔습니다.

'어… 할 만한데….'라고 생각하던 차에 8번 문제에서 예상치 못한 난관에 맞닥뜨렸습니다. 다른 두 변의 길이를 활용하여 삼각형의 한쪽 변의 길이를 결정하는 것이었지요. 어? 잠깐 멈칫거렸습니다. 위키피디아에서 삼각형의 가장 긴 변의 길이를 계산하는 공식을 검색해 봤습니다. 아시죠? 안녕하세요, 피타고라스 아저씨? 나머지 문제들은 꽤 예측가능한 방식으로 접근이 가능했어요. 바로 아래 세 단계로 말이죠.

1. 필요한 계산법을 정한다.
2. 주어진 정보에서 정확한 변수를 선택한다.
3. 계산하고 기록한다.

뭐가 비판적 사고라는 것인지 궁금했습니다. 비판적 사고에 대한 제 관념이 너무 제한적이었을까요?

나름 신선한 도전이었습니다. 상쾌한 아침에 맨발로 눈 위를 걸어가는 것처럼요. 하지만, 어떤 사실을 찾아낸다거나 문제를 다양한 방식으로 해결할 필요는 느끼지 못했습니다. 필요한 모든 것이 정해져 있었습니다. OECD가 다양한 난이도를 보여주기 위해 선별한 예시 문제들을 볼까요? 저작권 문제가 있어서, 대상과 변수를 변경하였습니다. 그래도 방법과 난이도는 동일합니다. 두 번째로 어려운 난이도 5단계 문제를 보시죠.

후지산은 일본에서 가장 높은 산이다. 정상으로 가는 여러 갈래의 등반코스가 존재한다. 고텐바 코스는 정상까지 9킬로미터이다. 등산객들은 저녁 7시까지 코스 시작점으로 돌아와야 한다. 데아Thea는 고텐바 코스로 등반하려 한다. 그녀의 걷는 속도는 시속 2킬로미터까지 가능하고, 중간에 쉬는 시간을 포함하면 2배까지 느려진다. 그녀가 저녁 7시 이전에 출발점으로 돌아오기 위해 최소한 몇 시부터 걷기 시작해야 하는가?

아주 어렵지는 않죠? 이 문제에서 어떤 추상적인 사고나 비판적 사고능력이 필요했나요? 전혀 아니지요. (이 책에 답지를 싣지는 않았으니, 혼자 풀어보세요.)

비판적 사고는 추론능력, 판단력, 초인지metacognition를 주축으로 하고, 사고과정에 대해 생각하는 것입니다. 다음과 같은 능력들을 포함합니다.

1. 문제가 발생하는 맥락과 틀을 이해하기
2. 추측과 보이지 않는 영향이나 관계를 찾아내기
3. 증거를 모으고, 1번과 2번을 고려하여 그 증거를 평가하기
4. 반성적 사고reflective thinking를 사용하여 사고의 틀과 사고의 편향성이 주는 영향을 판단하기
5. 적절한 도구와 기술을 사용하여 해결책 만들어 내기
6. 해결책을 평가하기

7. 해결책을 시험하기

열다섯 살 된 아이가 이런 능력을 모두 습득할 수는 없습니다. 하지만, 5단계 문제를 해결하는 데에 이 능력들이 필요하지는 않았습니다. 실생활과 관련된 데이터를 추론하는 능력과 기본적인 수학적 능력이 필요합니다. 맥락과 틀을 이해할 필요가 있었나요? 추측 능력은요? 증거를 수집할 필요는요? 전혀 필요 없었지요. 그렇습니다. 5단계 문제는 비판적 사고가 필요 없습니다. 6단계 문제를 하나 볼까요? 가장 높은 단계입니다. 비판적 사고라는 모자를 쓰고, 펜과 종이를 준비하세요.

> **예제 (6단계)**

아라지Araj는 새 자전거를 가지고 있다. 이 자전거로 4킬로미터 떨어진 쇼핑몰까지 9분 걸렸다. 돌아올 때는 지름길로 왔다. 지름길을 이용한 거리는 3킬로미터이고 6분이 걸렸다. 아라지Araj가 쇼핑몰까지 왕복한 평균 속도를 구하라.

이 문제를 풀기 위해 비판적 사고가 필요한가요? 실생활과 관련된 정보를 찾아서 연결하는 능력은 꼭 필요해 보이네요. 아이들은 논리적으로 접근하기 위한 전략이 있어야겠지만, 결국 기본적인 산수입니다. 함께 문제를 풀면서 저는 유교문화권 아이들이 문제를 잘 푸는 이유를 나라별 통계를 통해 알 수 있었습니다.

상하이 출신 아이들(31퍼센트)이 6단계 문제를 가장 많이 해결했습니다. 싱가포르 학생(19퍼센트)들이 그 다음이었습니다. OECD 평균으로 볼때 정답 확률은 3퍼센트였는데, 영국은 평균을 유지했지요. 미국은 참가학생들 중 단 2퍼센트만이 6단계 문제를 해결했습니다. 상위 일곱 개 국가 모두가 아시아에 있는 나라들이었습니다. 이 결과를 보면 6단계 문제는 15세 아이들에게는 정말로 어려웠던 것 같습니다. 하지만 이 문제는 비판적 사고를 위한 시험이 아니라, 이미 배운 방법들을 '실생활'에 적용하는 능력만 나타낼 뿐입니다.

싱가포르와 중국 모두 유교문화권 나라들이고 학교 교육 체계도 비슷합니다. 초등학교 때부터 시험결과에 의해서만 아이들이 배정됩니다. 아이들은 어릴 때부터 좋은 점수를 받기 위해 노력합니다[4]. 역사적으로 유교문화는 성공을 위해 내재된 능력보다 개인적인 수양을 중시했지요. 다른 사람들보다 더 열심히 하면, 누구나 학급에서 1등이 될 수 있다는 믿음이 있습니다. 그런 이유로 가정에서 부모가 관여를 많이 하는 편입니다. 싱가포르 부모들은 아이들의 시험을 돕기 위해 수학 공부를 합니다. 상하이에서는 많은 교사들이 학생들의 시험점수에 근거하여 성과급을 받습니다.

동양의 아이들이 일주일 내내 공부하고, 복습하고, 숙제하고, 시험 기술을 연마하고, 모의시험을 치는 것은 놀라운 일이 아닙니다. 이런 현상은 과외수업에 의해 더 과열되고, 과외수업은 이미 교육의 중요한 일부분입니다. 결국 아이들은 미래의 선도자 혹은 탁월한 기업가나 연구자가 되기 위한 교육을 받지 못합니다. 다른 사람들보다 시험만 더 잘 보는 근면한 일꾼이 되겠지요.

치열한 학업경쟁의 환경에서는 정치적인 압박과 학부모의 압력이 학교와 교사들에게 가해집니다. 시험은 신뢰도가 높아야 하고 논란의 여지가 없어야 하기 때문에 단답형 질문이나 선다형 문제들을 출제할 수밖에 없어요. 이런 식으로는 결코 창의적 사고나 비판적 사고를 배양할 수 없습니다[5].

이런 엄격한 학교 교육이 끝나면 무슨 일이 벌어질까요? 많은 학생들이 유학을 떠나는 것 같습니다. 사실 중국은 세계 최대 학생 수출국입니다. 미국령에 있는 교육기관에서 공부하는 아시아계 학생 수는 매년 20퍼센트 이상씩 증가하고 있습니다[6]. 미국이나 유럽의 대학교들이 중국 현지에 캠퍼스를 많이 열면 이런 성장률은 다소 줄어들 것 같습니다. 미국과 유럽 대학들은 이미 여러 아시아 국가들에 세운 캠퍼스를 통해 수익을 올리고 있거든요.

▎ 금붕어는 언제까지 죽지 않고 살아 있었을까?

운 좋게도 싱가포르에 거주하는 영국인 교육전문가인 주디 Judy[7]와 인터뷰할 수 있었습니다. 처음에는 아이를 싱가포르에 있는 국제학교에 보냈다가 나중에 현지 학교에서 공부시키는 영국인은 흔치 않지요. 외국에서 온 아이들이 현지 학교에 다니기 위해서는 특별 허가를 받아야만 합니다. 싱가포르 국적의 아이들이 국제학교에 입학하는 것도 마찬가지입니다. 주디 Judy는 아이가 싱가포르 초등학교 2학년 영어시험을 보던 때를 회상했습니다. 아이는 주어진 문제에 아래와 같이 답했습니다.

> **문단에서 인용된 글:**
> … and the cat ate the goldfish
> (… 그리고 그 고양이가 금붕어를 먹어버렸다)

> **문제:**
> What happened to the goldfish?
> (금붕어에게 무슨 일이 생겼나?)

> **학생의 답:**
> The goldfish died.
> (금붕어는 죽었다)

어찌보면 자연스러운 결론을 문장으로 잘 쓴 것 같은데요. 영어 교사는 이 답을 틀린 것으로 채점했습니다. 당연히 학생의 엄마가 해명을 요구했겠지요. 엄마가 들은 정확한 답은 '그 금붕어가 고양이에게 먹혔다the fish was eaten by the cat' 였다고 합니다. 교사가 보기에 문제에 죽음에 관한 어떤 증거도 없습니다. 죽었을 것이라는 추측만으로 결과를 단언할 수 없다는 생각입니다. 그러니, 오직 하나의 답만이 가능하겠지요.

2012년 PISA 시험이 수학에 초점을 맞추었던 것을 보면, 아시아권 학생들이 상위권에 위치하는 것은 놀라운 일이 아니지요. 사과나무를 심고 물을 주고 가지를 치고 잘 키우면 좋은 사과가 열리겠지요. '사과만' 열리겠지요. 교육에서 뛰어남에 대한 정의를 위의 예처럼 좁게 내린다면, 새로운 꿈을 꾸는 능력이 사라지지 않을까요? 틀을 깨고 새롭고 더 나은 어떤 것을 만들어 낼 수 있으면서 동시에 수학 만점을 받는 일은 불가능할까요?

중국 정부는 학교 교육을 개혁할 필요를 느끼고 있습니다. 반복적이고 기계적인 주입식 교육에서 아이들의 참여를 늘리는 교육과정으로 전환하도록 요구하고 있지요. 아주 어려운 일입니다. 수백 년에 걸쳐서 확고히 자리 잡은 유교식 교육의 저항에 직면하겠지요.[8]

> 많은 중국인들은 교육제도가 독립적인 사고와 창의력을 질식시킨다고 토로한다. 자기주도성을 키우고, 학습을 따분한 일이 아닌 재미있는 것으로 만드는 미국식 교육을 부러워한다.
>
> ● 로버트 커크패트릭(Robert Kirkpatrick)
> 시나와타 국제 대학교, 태국

유교문화권에서 자란 아이들은 기능적인 숙련도가 높고, 목표 지향적으로 잘 훈육되어 있습니다. 비판적·창의적 사고능력은 부족한 채로 졸업하기 쉽습니다. 반대로 미국과 영국 같은 주요 국가에서 자란 아이들은 고등학교를 졸업할 때 무슨 능력을 갖추고 있을까요?

사과와 배를 비교하기

미국 학생들은 도표에서 하나의 값을 찾는 문제나, 잘 구성된 공식을 다루는 것 등과 같이 인지적으로 부담이 덜한 수학적인 기술과 능력에 특히 강점을 보였습니다. 반대로 실제 상황에 적용하고, 그 상황들을 수학적인 용어로 전환한 후, 수학적인 특성을 실제 상황의 문제 해결을 위해 해석하는 것과 같이 인지적으로 부담이 큰 문제에는 취약했지요[1]. 미국은 다른 나라들보다 학생 1인당 교육비가 높지만, 학업 능력이 더 높지는 않은 것 같습니다. 슬로바키아 공화국은 학생당 5만 3000달러를 사용하지만, 1인당 11만 5000달러를 투자하는 미국과 학업수준은 비슷합니다.

미국에 관한 보고서는 아주 우울합니다. 복잡한 사고능력과 추론능력을 전략적으로 사용하는 문제에서 고득점을 받은 미국 학생들의 수는 평균 이하였습니다. 오직 2퍼센트의 미국 학생들만이 수학에서 6단계 문제를 해결했지요. OECD 평균이 3퍼센트이고 상하이 학생들은 31퍼센트였습니다. 읽기와 과학에서 미국의 고득점자의 비율은 OECD 평균이었습니다. 광범위한 개혁에도 불구하고, 수학, 과학, 읽기 시험에서의 미국의 결과는 2006년 이후 크게 변동이 없습니다. 그러나, 혁신을 추진하고 다양한 과학분야에서 기여하는 미국의 능력은 여전히 견고합니다. 2015《포브스 Forbes》가 선정한 가장 혁신적인 기업들[2] 중에서 6개의 미국 기업이 톱10에 포함되었고, 50위 안에 24개의 미국 기업이 선정되었습니다. 최상위 10개 기업에 중국 기업은 없었으며, 50위 안에도 여섯 개뿐이었습니다. 물론, 혁신성을 다르게 분석할 수 있는 수많은 방법과 설문조사가 존재하지요. 심지어 한 국가가 과학에 직접적으로 기여하는 정도를 측정하는 방법도 존재합니다. 항상 비판의 여지는 있지요. H-지수는 학자들이 발표한 논문의 양을 반영할 뿐만 아니라, 연구자들에 의해 인용된 횟수까지도 반영합니다. 인용지수는 논문의 질과 유용성의 척도라고 여겨집니다. 중국은 H-지수에서 17위를 차지했습니다. 과학점수가 OECD 평균 정도인 나라들은 보통 상위 10위 안에 많이 포함되어 있는데 말입니다. 이상하지요?

사과와 배를 비교해 볼까요? 어른들이 과학분야에 기여하는 정도와 아이들의 PISA 순위를 비교하려 합니다. 2015년 H-지수 순위[3]와 2012년 PISA 순위입니다.

H-지수 순위	PISA 순위
1. 미국	26위
2. 영국	26위
3. 독일	16위
4. 프랑스	26위
5. 캐나다	13위
6. 일본	7위
7. 이탈리아	32위
8. 네덜란드	10위
9. 스위스	9위
10. 호주	19위

싱가포르는 H-지수 순위에서 25위, 홍콩은 26위, 중국은 14위였습니다. 중국, 싱가포르, 홍콩은 상위 10위 안에 들어가지 못했습니다. 학교의 순위는 학생들이 성취한 시험결과에 의해서 결정됩니다. 따라서 학생과 교사들이 높은 점수를 받기 위해 애쓰는 것은 지극히 당연한

일입니다. 우월한 학교제도라는 게 있을까요? 우선 완벽한 학교제도는 존재하지 않습니다. 둘째로 우리 아이들을 온전하고 훌륭한 능력을 갖춘 사람으로 키우는 것을 학교제도에 맡겨 둘 수는 없습니다.

전 세계적으로 봐도, 학부모들은 아이들의 교육 정책에 영향을 거의 주지 못합니다. 홍콩의 학부모는 다양성을 갖춘 교육과정을 원할지도 모릅니다. 영국의 학부모는 프랑스어 대신에 중국어를 포함시키고 싶을 수도 있겠지요. 미국으로 이민간 학부모는 아이들이 비판적인 분석을 활용하여 실생활 문제들을 해결하는 능력을 배우기를 간절히 바라지 않을까요?

학교제도가 불만족스럽다면, 아이들에게 무엇을 어떻게 가르칠 것인가에 관한 빈틈은 우리가 채워야 합니다. 불확실한 미래를 항해하면서 능력을 최대한 활용하는 역량을 갖추게 해야지요.

1. 여러분이 살고 있는 나라의 PISA 순위에 대해 너무 낙담하거나 즐거워할 필요가 없다. PISA 시험이 증명해야 하는 것은 그 나라의 교육제도가 아이들에게 중장기적으로 혁신과 경제성장을 유지하는 데에 필요한 능력들을 키울 수 있는가이다. 현재 PISA 시험은 이런 능력들을 측정할 수 없어 보인다.

2. 아이가 다니는 학교가 고차원적인 사고력과 행동 기술을 가르칠 수 없다면, 이제부터는 엄마, 아빠가 직접 해야 한다. 이 세상 모든 엄마, 아빠는 아이가 선택한 미래에서 성공적으로 살기를 바란다.

3. 물고기가 고양이에게 먹히면, 분명히 죽을 수밖에 없다.

2부

생각하는 아이로 키우기

4장

부모라는 이름의
코치

코치 엄마, 코치 아빠

> 어릴 때부터 아이들에게 스스로 결정하도록 가르친다면, 아이들은 선택에 대한
> 결과를 좀 더 자주 경험할 것이다. 결국 성장하면서 더 좋은 결정을 내리는 법
> 을 터득할 것이다.
>
> ● 존 휘트모어 경(Sir John Whitmore)

제 아들이 여섯 살이 되었을 때, 저는 엄마 역할보다 기업경영인들의 코치 역할을 더 잘한다는 아주 불편한 사실을 깨달았지요. 그 증거는 반박할 수 없을 정도로 명확했습니다. 자문을 구하는 의뢰인들은 교육시간을 기대하면서 기다렸고, 과제를 성실히 했으며, 저를 무시하거나 욕하지도 않았습니다. 그들을 집중시키기 위해 소리지를 필요도 없었지요. 과업을 함께 완수했고, 감사의 인사를 남기거나 링크드

인 계정에 추천 코멘트를 남기는 사람들도 있었습니다. 나중에 정기적으로 만나서 커피를 마시기도 했지요. 그런데 집에서는 전혀 달랐습니다. 고백컨대 저는 마미네이터였습니다. 터미네이터 맘terminator mom이란 뜻이지요. 타이거 맘tiger mom보다도 더 심했습니다.

이런 제가 어떻게 다 큰 어른들의 행동을 변화시키고, 목표 달성을 돕고, 험난한 비즈니스 환경을 잘 헤쳐 나가도록 도울 수 있었는지 정말로 이해할 수 없었습니다. 저는 아이가 학교공부를 좋아하게 만들지 못했거든요. 아이는 제 잔소리 없이는 숙제조차 하지 않았습니다.

저만 그런 건 아닐 것입니다. 처음에는 격려도 하고 타이르기도 하지만 마지막엔 소리도 지르고 용돈을 주지 않거나 스마트폰을 빼앗기도 했습니다. 하지만 이런 노력이 투자활동이라고 한다면 투자시간 대비 성공률과 수익률은 한심할 정도였지요. 기업의 투자수익률 관점에서 보면, 엄마로서는 낙제감이었습니다. 구구단 5단을 외우지도 못하는 제 아이를 어떻게 '생각하는 아이'로 키울 수 있을까요?

아이와의 관계가 최악에 다다랐던 순간, 아이가 아닌 저한테 문제가 있다는 것을 깨달았습니다. 학습에 대한 태도를 억지로 바꾸려고 했지요. 그보다 더 나빴던 것은 엄마인 제가 답답해 화가 난다고 야단을 쳤던 일입니다. 의뢰인들을 위한 코칭을 할 때에 이런 태도는 생각해 본 적도 없습니다. 효과도 없고 그러면 안 된다는 것을 너무 잘 알기 때문이죠. 어쨌든 저는 기업 경영전문 코치였고, 행동변화를 유도하는 코칭 기법을 어떻게 활용하는지 잘 알고 있었습니다. 코칭 기법을 활용하면 아이와 미래에 영향을 줄 마법같은 능력이 생길 것이라는 데에 학급운영비[1]를 걸 정도였습니다.

코치들은 의뢰인들이 기업 경영 면에서 장애와 두려움을 식별하고 극복하도록 돕고, 선택한 목표를 달성하도록 도와주는 훈련을 받습니다. 우리가 유능한 엄마, 아빠가 되기 위한 훈련을 받나요? 글쎄요. 저는 그런 엄마나 아빠를 본 적이 없습니다. 전문적인 엄마나 아빠? 상상이 가나요? 전업 엄마, 아빠 혹은 집 관리인을 말하는 게 아닙니다. 너무도 중요하고 역동적인 분야인 '부모 역할하기'에 관한 수료증이나 학위가 있는 사람을 상상하기는 쉽지 않습니다. 엄마 역할보다는 코치로서 더 잘 훈련된 저는 제가 가장 잘 아는 것을 활용했지요. 아이 키우는 스타일을 코치 스타일로 바꾸었습니다. 그게 꽤 효과가 있었다는 것은 놀라운 일이 아니지요.

경영인 코칭의 높은 성공률을 보여주는 멋진 통계자료를 제시하고 싶지만, 코칭에서의 성공은 다분히 주관적인 평가에 좌우되는 게 사실입니다. 코치를 받은 사람들 중에서 왜 코치를 받았고 얼마나 성공적이었는지를 말해 줄 사람들을 선택하여 통계적으로 유의미한 표본집단을 구하는 일은 무척 어렵습니다. 결코 과장이 아닙니다. 그래서 스탠퍼드 경영대학원의 리더십 개발 및 연구 센터에서 수행한 2013년도 최고경영자 코칭 설문조사[2]를 살펴볼까 합니다. 조사에 따르면 34퍼센트의 CEO와 51퍼센트의 최고 중역들이 코치 교육과정을 받았습니다. 다른 연구[3] 응답자의 43퍼센트는 자신들이 근무하는 회사가 내부 코치를 고용한다고 대답했으며, 응답자의 60퍼센트는 잠재력이 높은 일반 직원들에게도 코칭 프로그램이 제공된다고 했습니다.

코칭에 대한 수요가 있는 것은 분명하죠. 소프트 스킬 트레이닝보다 훨씬 비싸다는 것을 고려하면, 코칭 프로그램이 효과가 있으니까 이런 통계가 나온다고 봅니다. 코치들이 의뢰인에게 적용하는 기본 원리들은 가정에서도 적용이 가능합니다. 이런 원리들은 여러분이 아이들을 생각하는 아이로 키우는 데에 도움이 될 것입니다. 그럼 제 아이의 이야기를 들려드리겠습니다. 지금부터 정말 집중할 부분입니다.

우선, 아이와 상호작용하는 방법에서 몇 가지 변화를 주었습니다. 경영자 코칭 프로그램에서 코치와 코치를 받는 사람의 관계는 프로그램의 성공을 결정하는 주요 요소입니다. 기업들은 경영 코치들에게 많은 돈을 지불하고, 각각의 직원들에게 적합한 코치를 찾기 위해 많은 시간을 투자합니다. 유대감, 상호존중, 신뢰 그리고 지적인 파트너십이 코치와의 관계 안에 존재해야 합니다. 우리는 아이들을 선택할 수 없고, 아이들도 부모를 선택할 수 없지요. 그럼에도, 우리는 아이들과의 관계에서 이런 가치들을 키워갈 수 있습니다. 그 무엇보다 서로간에 신뢰가 가장 중요합니다. 신뢰가 형성되지 않는다면, 여러분이 할 수 있거나 없는 것들을 솔직히 말하세요. 여러분이 아이와 합의하고 약속한 것들은 지켜야 합니다.

둘째로, 코치를 하든 강연을 하든 혹은 경험에서 나오는 멘토 역할을 할 수 있지만, 이런 방법들을 아이에게 한 번에 섞어서 쓰지 마세요. 코치는 멘토가 아닙니다. 훌륭한 멘토는 누군가 특정 주제에 대한 조언이나 통찰이 필요할 때에 빛을 발합니다. 강연자는 학생보다 많이 아는 사람이고, 지식을 효과적으로 전달할 수 있는 사람이지요. 코치는 의뢰인이 하는 일에 대해 잘 모르는 경우가 많습니다. 그래서 조언을 하지 않습니다. 여러분은 경영 코치로부터 사업에 대해서는 배울게 별로 없지요. 훌륭한 코치는 여러분의 행동, 생각, 잠재력에 관해 새롭고 재미있는 방식으로 생각하도록 도울 뿐입니다.

우리는 언제 강연자가 될지, 멘토가 될지, 코치가 될지를 결정해야 합니다. 우리 아이들의 삶에는 수많은 강연자와 멘토가 있을 겁니다. 하지만 진정한 코치는 그 수가 무척 적습니다. 물론, 우리의 지식과 경험은 아주 귀중한 자산입니다. 그 자산의 가치에 걸맞게 때때로 멘토링이 적합할 때도 있을 겁니다. 부모로서 자식들에게 가르침을 주고 잔소리하려는 우리 본래의 습성이 그런 식으로 몰아가는 경우도 많습니다. 그때그때 적합한 방식을 활용해야 아이의 저항은 줄이면서 행동의 변화를 유도할 수 있습니다.

일방적인 강의는 가장 효과가 적은 지식전달 방법입니다. 우리가 수년간 수강했던 전통적인 대학강의나 기업교육을 떠올려 보세요. 어떤 수업이 가장 효과적이었나요? 그나마 배우는 내용에 대해 호기심을 갖게 하는 프로그램이 그랬을 것입니다. 스스로 답을 찾게 하거나, 새로운 개념을 자신의 경험에 적용할 수 있게 하는, 혹은 새로운 아이디어를 가지고 무언가를 하는 수업일수록 효과가 좋았을 것입니다.

강연자가 쏟아내는 지식을 단순하게 듣는 수업일수록 그 반대입니다. 우리는 이런 지식들은 기억하지도 않습니다. 우리 아이들도 마찬가지입니다.

코칭, 멘토링이나 강연 같은 말로 우리가 아이와 맺은 관계를 정의해서는 안됩니다. 코치로서 아이를 지지하는 것과 멘토로서 아이를 이 끄는 것 사이에서 적당한 균형점을 찾았다고 하더라도 한 번에 한 가지 방법만 적용해 보세요. 만약, 코칭하는 방법을 시도했는데 아이의 진 행 속도가 너무 느려서 실망하고 금방 다시 강의식으로 교육태도를 바 꾸면 안됩니다. 그렇게 되면 아이는 코치식 대화에 참여하기보다 가만 히 앉아서 강의하기를 기다릴 겁니다.

▪ 코칭 대화법

제 아이는 또래 남자아이들에 비해 체구가 작은 편입니다. 거친 활 동을 하다 보면 쉽게 떠밀리기도 하지요. 또래 아이들의 괴롭힘 때문 에 종종 몸과 마음에 상처를 받기도 했습니다. 아이가 다니는 학교는 왕따 문제에 적극적으로 대처합니다. 아이들 사이의 신체적인 폭력은 허용하지 않습니다. 그렇다 보니 왕따는 은밀한 형태로 나타납니다. 떠밀치거나 주먹으로 때리는 것보다 훨씬 교묘합니다. 언어폭력, 놀 이에서 따돌리기, 감정적인 학대 등이 가해집니다. 가해 아이들은 그 들의 행위가 얼마나 나쁜지 아직 모릅니다.

특히 여섯 살때 아이가 울면서 돌아오는 일이 잦았습니다. 어느 날 덩치 큰 아이들이 버스에서 어떤 식으로 괴롭혔는지 울면서 이야기했 습니다. 심한 말을 들었다는 게 주요 내용이었습니다. 처음에는 아이 가 많이 예민하다고 생각했지요. 아이들이 욕할 때마다 선생님에게 달 려갈 수도 없었으니까요.

아이가 집에서 말하는 모든 문제들을 해결하기 위해 부모가 일일이 반응하는 것은 아이를 돕는 것이 아니라고 생각했습니다. 그랬다면 아이는 더 약해졌을지도 모릅니다. 실제로 어떻게 해야 하는지 멘토링할 수도 없었습니다. 저는 이런 왕따를 경험한 적이 없었거든요. 아이들이 놀리는 것에 대해 반응하지 말라고 하는 것은 장기적으로 아이의 자존감에 상처를 줄 수도 있었습니다. 뿐만 아니라 스트레스 호르몬이 분출되고 화내고 싶을 때에 아무것도 하지 않는 것은 어렵습니다. 제 아이는 엄마의 위로 그 이상이 필요했지요. 이 문제를 다룰 어떤 방법이 필요했습니다. 사건이 발생하는 중이나 발생한 이후에도 말이지요. 아이의 자존감을 해치지 않으면서 아이가 괜찮다고 느끼게 만들 수 있는 방법이 있었을까요. 코치로서의 본능이 작동하기 시작했습니다.

아이가 흔들의자에 앉아서, 스쿨버스 안에서의 언어폭력에 대해 차분히 언급했습니다. 아이는 상급생에게 욕을 하도록 강요받았습니다. 결국 아이는 욕설을 한 것 때문에 교장실로 불려갔습니다. 무슨 일이 있었는지 끈질기게 추궁하지 않고 여러 질문을 통해서 아이의 행동과 반응, 그리고 감정을 살펴봤습니다. 결코 옳고 그름을 판단하거나 문제를 해결해 주려 하지 않았습니다.

아이가 스스로 자신이 덩치 큰 아이들과의 관계에서 당당한 태도를 취하고, 단지 더 영리해져야 한다는 것을 알게 하고 싶었습니다. 코칭 스타일의 대화는 이렇게 이어졌습니다.

Q: 훈Hun, 그 아이가 네게 한 말을 듣고 어떤 기분이 들었니?

A: 아주 화가 났어요.

Q: 그래서 그 아이가 너를 꼬마라고 불렀니? 네가 꼬마인 게 맞니?

A: 아니요.

Q: 그럼 왜 그 말이 널 화나게 했지? 그게 사실이 아니라는 걸 알잖아?

A: 다른 애들이 걔가 그렇게 말하는 것을 들었으니까요.

Q: 그 아이가 그런 말을 하는 것을 네가 막을 수 있었을까?

A: 아니오.

Q: 올바른 방식으로 대응했다고 생각하니?

A: 아니요. 하지만 무슨 말을 해야 할지 몰랐어요. 정말로 짜증이 났어요.

Q: 다른 식으로 행동하려면 무엇을 해야 했을까?

A: 나를 멋있어 보이게 하는 말을 해야 했어요. 나를 곤란하게 하지도 않고.

Q: 좋아. 그러니까 화났을 때에 할 수 있는 말이 필요하겠구나. 아주 멋져 보이면서 곤란한 상황을 만들지도 않는 그런 말이 필요한 거지?

A: 예.

Q: 그럼 나한테 말해 보렴. 누군가 너한테 욕할 때마다 너는 무슨 말을 할 수 있을까? 기억하기 쉽고 다른 상황에서도 사용할 수 있는 말이 있을까?

　똑같은 상황에서 다음에는 무슨 말을 할 수 있을지 생각할 시간을 주었습니다. 아들은 멋지면서도 '힘센 아이'가 자기를 어떻게 할 수 없다는 것을 알게 할 만한 무언가를 만들고 싶어했습니다. 물론 저는 쓸 만한 말을 알고 있었지요. 하지만 아이가 직접 찾아야 합니다. 혀를 딱 깨물고 아이의 반응을 기다렸습니다.

　처음 아이가 내놓은 말들은 적합하지 않았지요. 그래서, "그게 가장 좋은 표현이니? 그 말이 항상 효과가 있을까?"라고 물었습니다. "더 짧고 더 쉬운 말도 있지 않을까?"라고 이어서 말해 주었지요. 두세 번의 이어진 시도 끝에 멋진 말을 만들어냈지요. 3년이나 지난 지금도 잘 쓰고 있습니다. 제 아이는 "너는 내가 멍청이(꼬마 등등)라고 생각할 수도 있어. 그런데 네가 그런다고 내가 그런 사람이 되는 건 아니야." 라고 말했습니다. 정말 화가 나거나, 자기 자신에 대해 생각할 겨를이 없을 때에는 심호흡을 하고 말합니다. "그래, 좋아. 근데, 난 네가 무슨 생각을 하는지 관심 없어."

　몸집이 작은 아이가 자기보다 크고 힘센 아이에게 이런 말을 하는 것은 큰 용기가 필요합니다. 그래서 집에서 큰 소리로 여러 번 연습했습니다. 지금은 자연스럽게 이 말을 할 수 있습니다. 언어폭력의 영향은 점점 약해졌고, 이제 제 아들은 다른 아이들이 뭐라고 생각하든 신경 쓰지 않습니다.

더 좋은 결정을 내리기 위한 코칭

존 휘트모어 경Sir John Whitmore은 경영 코칭의 대가입니다. 그는 원래 자동차 경주 선수였는데, 스포츠 심리학자로 활약하기도 했습니다. 나중에는 자동차 경주에서의 경험을 경영자 코칭 과정에서 리더십과 동기화 도구로 활용했습니다. 휘트모어 경은 코칭분야에서 배운 것들을 아버지로서도 잘 활용했습니다. 여러 상황에 적합한 선택들에 대해 생각하면서 자라는 아이들은 점점 더 좋은 결정을 내릴 수 있습니다[1]. 세상의 모든 부모들은 아이들이 가장 분별력있는 결정을 내리기를 바랄 겁니다.

휘트모어 경은 아이들이 스스로 결정을 내릴 수 있는 기회가 빨리 주어질수록 선택에 따르는 결과를 수집한 데이터베이스를 남들보다 빨리 만들게 된다고 조언합니다. 물론 이제 막 걸음마를 뗀 아이에게 매일 밤 먹을 것과 잠잘 시간을 정하게 하라는 게 아니지요. 능력에 맞게 무언가를 결정하게 하고 결정에 대한 결과를 경험하게 할 수 있습니다. 어느 정도는 도움을 받을 수 있는 상황에서 말이지요. 쉬운 것부터 시작하세요. '오늘은 빨간 스웨터를 입을까, 파란색을 입을까?', '저녁에 햄버거를 먹을까 피자를 먹을까?', '토요일에 테니스 치기 전에 30분

동안 영어숙제를 할까, 수학숙제를 할까?', '파티에 진Jean을 초대할까, 엔리케Enrique를 초대할까?' 이런 선택들이 있겠지요. 어릴 때부터 어떤 선택을 하면 주변에 어떤 영향을 준다는 것을 배우게 됩니다. 자신들의 선택이 중요하다는 것을 알게 되지요. 아이들이 자라면서, 고집까지 세지게 되면, 의사결정 과정에 여러분의 시간과 인내심이 더 많이 필요하게 될 것입니다.

⁞ 코칭 질문들

밖이 아주 추운데, 안나Anna는 화려하고 예쁜 드레스를 입고 싶어 합니다. 스웨터나, 장갑, 부츠 없이 말이죠. 좋아요. 이런 상황에서 할 수 있는 몇 가지 선택이 있습니다.

1. 따뜻하게 입지 않으면 나갈 수 없다고 말합니다.
2. 올바른 결정을 하도록 돕습니다.
   앞서 보았던 질문들을 하면서 선택의 결과에 대해 관심을 유도합니다. 아래와 같은 유용한 표현들이 있습니다.
   - 안나야, 창문을 열고 밖이 추운지 말해 보렴.
   - 이렇게 추운데, 기저귀만 찬 남동생을 데리고 밖에 나가면 어떻게 될까? 감기에 걸려서 많이 아프게 되지 않을까?
   - 안나가 감기에 걸려서 많이 아프게 되면 엄마는 좋은 엄마일까?
   - 안나가 감기에 걸려서 아프면, 화요일에 발레학원에 못 가겠네?

- 안나가 감기에 걸리면 방 안에서 계속 혼자 있어야 하고, 그러면 엠마Emma 하고 놀지 못할 거야. 엠마의 기분이 어떨까?

비슷한 질문들이 많이 있을 수 있지요. 질문 한두 개면 충분할 수도 있고, 아이가 고집이 세거나 사춘기 직전이라면 더 많은 질문을 준비해야 할 겁니다. 제 아들은 이제 나이가 들어서 코칭 질문들을 스스로 묻기 시작했답니다. 이게 바로 코칭의 궁극적인 목표입니다. 코치를 받는 사람이 스스로의 코치가 되게 하는 것이죠. 아이가 자라면, 스스로 자신만의 선택사항들을 고안해 내고, 여러분의 도움 없이도 선택사항들 중에서 결정을 내릴 수 있습니다.

코칭을 잘하기 위해 코칭 자격증을 딸 필요는 없습니다. 문제에서 살짝 뒤로 물러나서 대화와 질문으로 아이와 좋은 관계를 맺으세요. 시간은 좀 걸릴 것입니다. 여러분이 업무나 다른 일들에 쏟을 시간을 빼앗겠지요. 그렇다고 해도 아이들에게 무엇을 해야 하는지 일방적으로 말하는 것을 멈춰보세요. 대신에 문제의 근원에 다다를 수 있는 질문을 하시길 바랍니다. 그러면 아이들은 스스로 문제에 대한 해결책을 찾는 힘이 생길 겁니다. 스스로 질문하고 생각하기 시작할 것입니다. 여러분이 들인 노력이 성공을 거두는 순간이지요.

▪ GROW 코칭 모델

여러분의 코칭 능력을 활용할 또 다른 방법이 있습니다.

아이의 성적표는 성적 수준을 나름대로 평가합니다. 여러분은 성적에 대해 칭찬하거나 개선이 필요한 것들을 지적하게 됩니다. 용돈을 줄이겠다고 협박을 하거나, 그 반대일 수도 있겠네요. 어쨌든 성적표를 받는 것은 아이와 부모 똑같이 스트레스입니다. 부모가 처음부터 성적에 대해 말하지 않으면 어떨까요? 아이 스스로 학교성적표를 평가하게 해보세요. 자신의 성적에 대한 생각을 적어보게 하는 것입니다. 향상시키고 싶은 영역과 어떻게 할 수 있을지 정리해 보는 거지요. GROW 코칭 모델은 이런 목적으로 고안되었습니다.

이 방법은 휘트모어 경의 초창기 코칭 모델이지만 여전히 많이 활용됩니다. 주로 성인들이 자신의 목표를 이해하고, 계획하고, 달성하도록 돕기 위한 도구로 활용해 왔습니다. 하지만, 우리 아이들이 현실을 생각하고, 다음 단계를 계획하고, 목표를 달성하도록 도와주는 도구로도 손색이 없습니다.

참고로 GROW는 목표Goal, 자원과 현실Resources and reality, 선택사항들Options, 그리고 의지Will or way forward의 약어입니다. 그 구체적인 내용은 다음과 같습니다.

■ 목표

아이가 원하는 것이 무엇인가?

전반적으로 더 좋은 성적인가, 특정 분야에서의 개선을 바라는가, 아니면 현재 성적을 유지하기 원하는 것인가?

■ 자원과 현실

목표를 달성하기 위해 지금 가지고 있는 것은 무엇인가?

당신이 앞으로 나아가는데 장애물은 무엇인가? 자신감 부족과 같은 내부적인 장애물인가? 시간 부족, 이해 부족, 지원 부족과 같은 외부적인 장애물인가?

■ 선택사항들

당신에게 가능한 선택들은 무엇인가?

운동시간을 줄이고 공부할 시간을 늘리는 게 좋을까? 학습계획을 효과적으로 수정하는 것은 어떨까? 공부할 때에는 스마트폰을 방에 두지 않는 게 낫지 않을까?

■ 의지

당신은 무엇을 하고 어떻게 할 것인가?

당신의 역할은 아이가 실행계획을 세우는 것을 돕는 것이다. 아이의 목표는 합리적인가? 아이가 자신의 능력에 대해 자신감이 과도한가, 아니면 자신감이 부족한가? 아이가 필요하다고 한다면, 과외를 시킬 수 있는가?

"나는 성적을 올리고 싶어."라고 간단히 말하는 것은 결코 도움이 되지 않습니다. 연말에 최종 성적에 대해 보상하는 것 역시 도움이 되지 않지요. 매일매일 아이가 취하는 작은 행동들에 대해 보상하는 것이 더 좋습니다. 일요일에 한 시간 더 수학공부를 하는 것 같이 중간중간에 있는 점진적인 목표를 달성할 때 보상해야 합니다.

이렇게 하면 아이는 자신의 성공에 대해 책임감을 갖게 됩니다. 이 방법은 열 살 정도부터 효과가 있습니다. 미래를 상상하고 추론할 수 있고 자신의 생각을 종이 위에 적을 수 있어야 가능하기 때문입니다. 그 정도 나이가 되면 실행계획을 비디오로 촬영할 수도 있고, 정기적으로 그 내용을 보거나 업데이트할 수도 있습니다.

아들이 자라면서, 코칭 방법은 좀 더 성숙한 과제를 해결할 수 있도록 진화하겠지요. 아이는 엄마가 방법을 말해 주기 전에 상황을 어떻게 다룰지 고민하게 될 겁니다. 다시 말하지만 저는 수백만 달러의 사업을 책임지고 있는 다국적 기업의 CEO들에게 하는 것과 동일한 방식으로 제 아이를 코치하고 있습니다. 확실히 이 방법은 효과가 있습니다. 제 아이는 보통 저와의 대화를 통해 문제를 해결할 방법을 생각합니다. 이제 곧 더 복잡한 문제들에 대해 스스로 코치할 수 있을 겁니다. 아이는 벌써 친구들과 운동장에서 놀다가 자기 친구들에게 잠깐 멈추고 다른 방법을 생각해 보자고 코치할 정도입니다.

잘 듣기! 생각의 불을 당겨라!

제조공장 관계자들에게 감성역량 강화교육을 실시하였다. 관리자들은 경청하는 방법과 직원들이 스스로 문제를 해결하게 하는 방법을 배웠다. 교육의 결과는 놀라웠다. 고충사항 접수는 연간 평균 15건에서 3건으로 감소했다. 생산목표는 25만 달러를 초과달성했다.

● 〈모범행동형성의 새로운 유행 The new Look in Behavior Modeling〉[1]

어느 코칭 학술대회에서 '발생적 관심'이라는 표현을 처음 접했습니다. 누군가의 생각에 불을 당기는 듣기라고 설명하더군요. 어찌나 흥미롭던지, 그 발표자를 제 유튜브 방송에 초대했답니다[2]. 발생적 관심에 대한 주제는 제 박사 학위 논문의 일부이기도 했습니다. 린다 애스피 Linda Aspey[3]는 듣기가 성공적인 코칭을 위해 얼마나 중요한 역할을 하는지를 이야기해 주었습니다. 린다는 의뢰인에게 '어떠한 방해도 없이' 자기 자신의 생각에 집중할 수 있는 공간을 제공하는 것이 코칭 대화에서 가장 중요한 요소라고 믿고 있었습니다.

편안하게 하기, 주목하기, 통찰력 있는 질문하기 등의 다른 행동 요소들도 코칭에 큰 역할을 합니다. 질문하기는 의뢰인이 요청할 경우만 진행합니다[4]. 한 시간 내내 여러분 혼자 이야기하고, 생각하고 여러분의 의견에 대해 더 숙고한다고 상상해 보세요. 얼마나 재밌고 자유로운 분위기일까요?

어느 누구도 말하는 동안 간섭받는 것을 환영하거나 즐거워하지 않습니다. 아주 적은 수의 사람들만이 다른 사람이 말하는 도중에 자연스럽게 끼어들 수 있습니다. 많은 부모들이 아이들의 말을 너무 쉽게 자릅니다. 많은 아이들이 엄마, 아빠는 으레 그럴 거라고 생각합니다. 우리는 아이들이 무슨 말을 할지 잘 안다고 생각합니다. 이전에도 들었던 것들이라서 말을 막지요. 아이들의 생각에서 실수를 발견하고 또 간섭합니다. 아이들의 말에 동의하지 않으니 또 말을 멈추게 하지요. 계속 반복되는 상황입니다.

아이들의 말을 가로막지 않는다면, 우리는 무엇을 하고 있을까요?

아이들이 하는 이야기를 듣고 있겠지요.

코치를 잘하려면 우선 잘 들어야 합니다. 의뢰인의 진심, 신념의 불일치, 추론에서의 편견들, 약점들에 대한 실마리를 찾기 위해서도 잘 경청해야 합니다. 물론 필요할 때 정확한 타이밍에 끼어들기를 해야지요.

듣는 방식은 여러가지입니다. 가장 많이 쓰이는 3가지 방식을 전투에 비유하여 설명하겠습니다.

- **공격적인 경청(전쟁에서 승리하기 위한 듣기)**

  상대방의 틀린 점들을 짚어내기 위한 듣기입니다. 틀린 점들을 모을수록 여러분은 충분한 실탄을 확보하게 됩니다. 상대방이 말하는 내용에 대한 신뢰도를 떨어뜨릴 근거를 제시하여 방해할 수 있겠지요. 부모들이 많이 쓰는 듣기 전략이기도 합니다.

- **방어적인 경청(전투에서 패배하지 않기 위한 듣기)**

  자신의 방어지점을 확보하기 위한 듣기입니다. 정당화를 위한 근거들을 기억하고 방어논리를 펼치기 위한 듣기 전략입니다. 대부분 사람들이 하는 기본적인 듣기 방식이지요.

- **건설적인 경청(공동의 근거를 찾고 앞으로 나아가기 위한 듣기)**

  함께 전진하기 위한 합의를 시작하기 위해서는 잘 듣는 게 필요합니다. "네가 지난 밤에 귀가시간을 지키지 않은 사실은 우리 모두 부정할 수 없겠지?"처럼 합의의 시작점을 찾는 거지요.

아무런 문제의식 없이 듣는다면 무슨 일이 생길까요? 누군가 말하는 것이 들리니까 아무 생각 없이 그저 듣기만 한다면요? 저는 이런 듣기 행위의 초점이 무엇일지가 궁금했습니다. '왜 들어야 할까? 왜 누군가 계속 횡설수설하게 두어야 하는 거지?' 그리고 나서 깨달았습니다. 완전히 헛다리를 짚고 있었다는 것을요. 그러니까 누군가가 말하고 싶어 하는 것을 들어준다는 의미를 제외하고는 정말로 아무런 이유가 없다는 것이지요. 누군가 자신의 이야기를 경청하면, 존중받는 것처럼 느끼기는 합니다. 그리고 그 보답으로 상대방의 말을 더 잘 들어주게 되지요.

이런 효과만으로도 사실 그냥 경청해야 하는 이유는 충분합니다. 아이가 정말로 여러분의 말을 경청하나요? 아이의 말을 끊지 않고, 지적하지 않으면서 주의깊게 들어본 것이 언제인가요?

물론 아이의 생각하는 방식에는 세상에 대한 경험이 부족해 문제가 있어 보이는 경우가 가끔 있습니다. 이게 여러분이 코치를 하거나 멘토링을 해서 아이들이 더 성숙한 관점을 갖게 하는 이유이지요. 아직은 아이들이 모든 답을 알고 있다고 기대해서는 안 됩니다. 그렇다고 아예 말을 들으려고도 하지 않는다면 아이들이 무슨 생각을 하는지도 알 수가 없답니다. 아이들이 하는 이야기를 잘 들어야만 아이들의 생각이 어디로 가고 있는지 이해할 수 있습니다.

다시 강조하지만 아이의 말을 경청하는 것이 아이의 말에 동의한다는 것을 의미하지는 않습니다. 다만 아이의 생각이 말을 통해서 마음 밖으로 흘러나오는 것을 들으면, 그 생각들이 어디로 향하고 있는지 알게 되고, 아이를 도와줄 수도 있지요. 가장 중요한 것은 엄마, 아빠가 자기의 생각을 듣고 있다고 느끼는 것입니다. 엄마, 아빠가 본인들의 말을 경청한다고 느끼지 못한다면 아이들은 결코 여러분에게 비밀을 털어놓지 않을 것입니다.

● 4장의 마무리 ●

1. 엄마, 아빠로서 여러분은 아이가 힘든 상황에서 해결책에 대해 강의를 할지, 멘토링을 할지, 코치의 역할을 할지 선택할 수 있다. 코칭은 가장 어려운 방법이고 처음에는 많이 혼란스러울 것이다. 하지만 아이들이 스스로 코치하는 법을 익힐 수 있다면, 그것만으로도 충분한 보상이다.

2. 아이가 스스로 자기 행위를 결정하는 시기가 빠를수록, 원인과 결과를 이해하는 연습을 더 많이 하게 된다. 이런 연습들은 아이들에게 주어진 선택이 더 어려워지고, 엄마, 아빠의 도움이 사라지더라도 좋은 결정을 내리게 도와준다.

3. 의사결정은 하나의 과정이다. GROW 코칭 모델은 아이들의 의사결정을 구조화시키고, 주어진 선택을 더욱 명확하게 이해시키며, 선택에 대한 결과를 생각하게 도와줄 것이다.

5장

먼저 시작하는
두뇌훈련

두뇌 발달을 위한 기초훈련

> 무엇인가를 배우려 할 때, 우리의 뇌는 실제로 성장한다.
>
> ● 빌 게이츠(Bill Gates), 2014년 8월(트위터)

요즘 아이들은 다른 세대에게는 허용되지 않았던 초능력에 가까이 다가갈 수 있습니다.

아이패드나 트위터 같은 것을 이야기하는 게 아닙니다. 바로 우리 자신에 관한 지식을 말합니다. 우리의 몸이 어떻게 형성되고, 유지되고 쇠퇴하는지에 대한 통찰이지요. 이런 지식을 통해 정신과 감정의 회로가 어떻게 작동하는가를 잘 알아야 합니다. 생물학 과제처럼 들리지만, 슈퍼맨조차도 그가 가진 재능을 어떻게 사용해야 하는지 배워야 했습니다. 비행능력, 눈으로 레이저를 발사하는 능력, 초고감도의 청력을 조절하는 방법 등을 말이죠. 슈퍼맨은 훈련을 위한 매뉴얼도 없이 그 기술들을 스스로 배워야만 했습니다. 다행히도 우리의 작은 영웅들은 인지신경과학과 기술발전 덕택에 자신들의 정신과 감성능력을 더 잘 이해할 수 있게 되었습니다.

정신과 감성능력에 관한 연구는 아주 빠르게 성장하는 연구분야입니다. 거의 매일 놀라운 소식들을 접하고 있지요. 우리 자신에 대하여 지구에 대해 아는 것만큼도 모르는 것 같은 게 사실입니다. 분명한 것은 우리 자신이 이미 생물학적 진화와 생명공학의 위대한 업적이라는 사실입니다. 인지능력을 이용하여 원시시대의 먹이사슬 환경에서 살아남았지요.

지금까지 인류 문명은 빠른 속도로 발달해 왔고, 과거 어느 때보다도 빠르게 변화하는 환경에 둘러싸여 있습니다. 이러한 급속한 변화에도 불구하고 우리 몸의 일차적인 기능은 자신을 보호하고, 계속 생존하고, 번식하는 것이지요.

우리 대부분은 생존하는 데에 능숙하지만, 우리 몸에 오랜 세월 내재된 신경회로는 행동과 의사결정 능력을 방해하기도 합니다. 고차원적인 사고력은 인간의 진화 과정에서 꽤 최근에 발생하기 시작했습니다. 자연환경에서 자유롭게 살던 우리 조상들은 계획과 의사결정같은 실행적 기능이 별로 필요하지 않았습니다. 이런 기능들은 전두엽의 대뇌피질[1]이 잘 발달되어야 가능합니다. 원시인들의 두뇌가 아래 그림에 보이는 바와 같이 현재 인류와는 많이 달라 보이는 이유입니다.

1. 오스트랄로피테쿠스:
120만 년에서
200만 년 전 사이

2. 호모 하빌리스

3. 호모 에렉투스

4. 네안데르탈인

5. 호모 사피엔스:
현재 인류이며 20만
년 전 경에 나타남

지난 200만 년 동안, 진화는 말 그대로 우리의 두뇌를 쥐어짜고 복잡한 연결들을 처리하는 능력을 갖게 했지요. 우리는 이런 복잡한 처리 과정에 대해 다 이해하지는 못합니다. 뇌는 점점 더 정교하게 진화했지만, 우리가 가진 원시인의 본능은 아직 사라지지 않았습니다. 이성의 아래에 여전히 잠복해 있지요.

머리 안에 들어 있는 놀라운 능력을 온전히 활용하려면 전두엽 대뇌 피질의 고차원적 사고능력을 이용해야 합니다. 뿐만 아니라 기본적인 두뇌 프로그램이 생각과 행동에 미치는 영향을 최적으로 조절해야 합니다. 감성지능EQ의 영역이 떠오르는 지점입니다. 세대를 걸쳐서 진행되는 진화적 발달의 다음 단계가 감성지능 영역일 수 있습니다. 예를 들면, 명상을 통해 감성적 회로체계를 새로운 방식으로 사용하면 새로운 물리적인 통로가 성장하고, 뇌의 구조가 수천 년에 걸쳐서 변화할 것입니다.

저는 사람들이 자신의 뇌를 이해함으로써 자기 자신을 더 잘 이해하도록 도울 기회가 왔을 때 아주 즐겁습니다. 기업에서 만난 사람들은 대부분 자기 뇌가 어떻게 작동하는지 몰랐습니다. 세상에서 가장 강력한 운영체계가 몸속에 내장되어 있는데, 어떻게 사용해야 할지 모른다는 얘기입니다. 사람들은 두뇌를 활용하는 방법보다 스마트폰을 작동시키는 법을 더 잘 알고 있습니다. 아이를 사고력이 뛰어난 사람으로 키우고 싶다면, 아주 밑바닥부터 시작할 필요가 있겠습니다.

▪ 두뇌의 기본적인 형성

두뇌의 기본배선이 회로판과 비슷하다고 생각해 봅시다. 과학시간에 만들어 본 적이 있을 겁니다. 구리선을 직렬 혹은 병렬 회로에 연결하고, 스위치나 회로차단기를 설치한 판이 그것입니다. 스위치를 온on 상태로 놓으면, 회로가 연결되고 전류가 흐릅니다. 그러면 전구에 불이 켜지거나, 회로의 일부분인 작은 모터가 작동하지요. 오프off 상태가 되면, 회로가 끊어지고 전류가 흐르지 않게 만듭니다.

두뇌에서 이런 스위치를 시냅스synapse라고 부릅니다. 시냅스는 화학물질이 신경세포인 뉴런에 흐르게 하고, 두뇌라는 회로를 작동시키는 신경 접합부입니다. 시냅스가 더 많이 사용될수록, 회로를 활성화하는 일이 더 쉬워집니다. 시냅스를 충분히 사용하면, 반복적으로 떠올릴 수 있는 기억을 만들어냅니다. 이것이 바로 학습입니다.

뉴런은 시냅스의 한쪽 끝에 있는 세포입니다. 시냅스를 통해서 서로 연결되고 신경망을 형성합니다. 두뇌 전체에 정보를 흐르게 하는 연결통로라고 할 수 있지요. 더 많은 정보를 교환할수록 연결통로는 더 굵어지고 강해지면서 초고속 정보통신망이 됩니다. 연결통로에 자극이 없어지면, 다른 뉴런으로 연결하는 능력을 잃어버리고, 회로판에서 사라지게 되지요. 즉, 사용하지 않으면 사라지게 됩니다.

갓 태어난 아기의 뇌는 이미 평생 필요한 뉴런으로 꽉 차 있는데, 거의 1000억 개 정도가 되지요. 은하수에 떠다니는 별의 3배쯤 되는 숫자입니다. 정말 놀랍지요. 아기의 뇌가 발달하는 첫 번째 영역은 자동으로 움직이는 운동기능입니다. 엄마의 자궁에서 나오자마자 아기들은 소리를 지르기도 하고, 입으로 무언가를 빨 수도 있습니다. 이런 기능을 가능하게 하는 뉴런의 연결망은 자궁에서 이미 형성되어 강화되기 때문이지요. 상상을 하거나 옳고 그름을 아는 능력같이 좀 더 고차원적인 기능들은 대뇌피질에서 형성되는데, 갓 태어났을 때에는 아직 발달하지 않습니다.

감정을 조절하고, 추상적 사고와 언어를 담당하는 뉴런들은 태어난 후에 외부자극과 상호작용을 해야 발달하기 시작합니다. 이런 고차원적인 능력들은 가장 나중에 발달하는 영역이고 성년 초기까지 성장이 지속됩니다. 아이들의 뇌가 성장하고 발달하는 과정에서 우리는 얼마나 많은 부분을 통제할 수 있을까요? "생각보다 많이!"라고 대답할 수 있으면 좋겠지만 글쎄요.

> 두뇌 각 영역의 성장은 해당 부분의 활동과 성장을 촉진하는 외부자극에 달려 있다. ● 아동복지 정보 게이트웨이(Child Welfare Information Gateway)

어둡고 작은 방과 같은 자궁에서 나오면, 어린 두뇌가 겪는 경험에 반응하면서 시냅스가 생기게 되지요. 처음에는 이런 경험들을 제어할 수 있습니다. 아기의 인지 회로를 통해서 초당 200만 개의 시냅스에 불이 켜집니다. 아기들이 잠을 많이 자는 것은 너무나 당연한 일이지요. 자고 있는 순간에도 아기들의 두뇌는 놀라울 정도로 열심히 활동합니다. 모든 시냅스 혹은 연결망들이 끊임없이 생성되고 강화되는 것은 아닙니다. 형성된 시냅스의 절반 정도는 사춘기 전에 사라진다고 합니다. 여기서 중요한 것은 적합한 것들은 살아남고, 불필요한 것들은 잘려나가 결국 사라진다는 것이지요. 경험에 의해서 자극받는 두뇌 영역들은 그 자극에 반응하며 물리적으로 성장한다고 합니다. 예를 들면, 아기에게 지속적으로 말을 들려주면 언어 뉴런들을 자극해 그 영역에서 장시간 동안 안정적인 연결망을 생성합니다. 이런 언어 기억들은 다른 고차원적인 학습영역들을 위해 중요한 토대가 되지요.

한편으로 신생아 시절에 학대를 경험하면 그 환경에 반응하여 공포를 느끼는 영역이 과도하게 자극받습니다. 두려움에 대한 반응이 과도하게 발달하면 인식되는 위협에 대한 과민증을 갖게 되겠지요. 이런 자극이 장시간 지속되면, 과민성이 사랑이 넘치는 환경에서도 유지되기 쉽습니다. 이런 상황에서는 복합적인 사고능력과 감성을 담당하는 뇌의 영역에 대한 자극이 감소하고 학습능력에 영구적인 손상을 입을 수도 있습니다.

> 학대를 경험한 이런 아이들은 종종 학습장애라는 꼬리표가 붙는다. 아이들의 두뇌가 학습에 필요한 안정감을 갖지 못하도록 발달된 것이다.
> ● 아동 트라우마 아카데미(Child Trauma Academy)

긍정적이든 부정적이든 관계없이 태어날 때부터 어떤 자극이 부족한 아이들의 두뇌는 정상적인 환경에서 자라는 아이들의 두뇌보다 3분의 1가량 적게 발달합니다[2]. 예를 들면 전쟁이나 분쟁 기간 동안 고아원 수용시설에 방치된 아이들 같은 경우지요. 두뇌가 새로운 연결망을 만들어내는 능력을 가소성 plasticity 이라고 일컫습니다. 이 능력은 평생에 걸쳐서 두뇌의 조직을 재생성하게 합니다. 두뇌 가소성이 최대로 발휘된다고 해도 아이들의 뇌기능이 정상수준으로 회복될 정도는 아니라고 합니다.

반면에 영특한 아이들의 두뇌는 인지 회로판 뉴런들이 최적으로 연결되어 있지요. 생후 1년 동안 발달한 아이의 두뇌용량이 그 이후의 지능을 결정한다는 연구도 있습니다[3]. 큰 뇌용량은 더 많은 연결망의 결과라는 것을 기억하세요. 이 연결망이 발달할수록 기억과 정보 처리 속도를 증가시키면서 메시지들이 두뇌의 각각 다른 영역 사이를 더 빠르게 이동하게 됩니다[4]. 어떻게 하면 두뇌 안에서 뉴런과 뉴런 사이의 연결을 더 강하고 더 빠르게 할 수 있을까요?

아이를 위한 뇌발달 훈련

▪ 뇌발달을 위한 청사진

사회적 발달과 감성지능을 위한 연결회로 통로들은 0개월에서 48개월 사이에 형성되지만[5], 운동, 시각, 언어 기능을 위한 연결통로들은 생후 2세까지 연결됩니다.

뇌에서 중요한 기능들을 위한 토대는 최초 2년 동안 자리 잡습니다. 심지어 유치원에도 가기 전이지요. 그래서 아이의 학습능력 연결통로를 강화하고 기본적인 두뇌성장을 촉진시키기 위해 아이와 양질의 시간을 보내야 합니다. 다양한 유형의 지능에 대해 이야기하는 것은 그 다음이지요. 아이가 이미 이 시기를 지났거나, 아이를 더 낳을 계획이 없다면 곧바로 6장으로 넘어가셔도 됩니다. 6장은 유동성 지능을 다룹니다.

⁞ 언어발달을 위한 훈련

생후 1년간은 그냥 소리만을 들을 뿐입니다. 우리는 아기에게 말하고 또 말하지요. 볼 때마다 말을 겁니다. 주변에서 나는 소리도, TV에서 나오는 소리도 들리겠지요. 아기가 듣는 단어의 소리와 의미를 정확하게 분류하기 위해서는 부모의 입이 어떻게 움직이고, 들리는 소리와 함께 보이는 몸짓을 봐야 합니다. 엄마, 아빠가 아기와 눈을 맞추면서 말하는 것이 아기에게 가장 좋겠지요. 생후 몇 개월 동안 아기의 시야는 매우 좁습니다. 효과적인 언어능력 발달을 위해서는 짧은 문장이 좋고, 중요한 내용은 여러분이 낼 수 있는 음향효과와 함께 반복해 주세요.

⁞ 상자 안에 무엇이 있을까?

상자 안이나 이불 밑에서 새로운 물건을 꺼내 아기에게 보여주세요. 숟가락, 책이나 양말같이 일상적으로 보는 물건이 가장 좋습니다. 물건을 꺼내면서 "이게 뭐지?" 하고 물어보세요. 아이가 그 물건을 천천히 보게 하세요. 아이는 물건을 손으로 잡을 수도 있고, 여기저기 보기 위해 돌려볼 수도 있겠지요. 그때 그 물건에 대해 잘 설명해 주세요. 아이가 잘 본 것 같으면, 그 물건이 무엇인지 그리고 어떻게 사용하는지 이야기해 주세요.

1년이 지나면, 시냅스 활동이 증가함에 따라서 뇌에서 언어를 담당하는 영역이 급속히 발달합니다. 많은 단어들과 사물들에 노출되면 어휘량은 기하급수적으로 증가합니다. 이미 '알고 있는' 물건들을 상자에서 꺼내서, 무엇인지 묻고 아이가 대답하게 하면 좋습니다. 아이가 기억을 못하면 기억이 나게 도와주세요. 대답을 잘하면 꼭 안아주는 것을 잊지 마십시오.

⁞ 이제 곧 유치원에 가나요?

생후 8개월쯤 되면 아기의 의식적인 기억은 안정적입니다. 사물이 당장 눈 앞에 보이지 않아도 그 존재를 알기 시작합니다. 그 물건을 기억할 수 있기 때문이지요. 살짝 가려진 장난감도 보고, 그게 무엇인지 알 수 있지요. 기억 속에 온전한 이미지가 저장되어 있기 때문에 가능합니다. 예전과 다르게 갑자기 안그랬던 아이가 낯선 사람을 두려워하기 시작하기도 합니다. 머릿속에 이미지가 존재하지 않기 때문이지요. 새로운 장소를 방문할 때도 마찬가지 이유로 당황해할 수 있습니다.

유치원을 다니기 시작하는 첫날이 걱정된다면, 아이가 낯설어 하지 않도록 유치원에 대한 기억을 만들어 주세요. 유치원의 웹페이지를 보여준다거나, 여러 사진을 보여주면서 설명해 주세요. 새로운 선생님의 사진을 인쇄해서 보여주는 것도 좋습니다. 유치원 근처에 살고 있다면, 산책하면서 운동장에 있는 것들을 구경시키면서 다른 아이들이 얼마나 재미있게 노는지 보여주는 것도 좋습니다. 유치원에 입학하기 전부터 유치원과 운동장에 대한 좋은 기억을 가질 수 있게 하는 것입니다. 엄마나 아빠가 없을 때, 두려운 일이 있으면 혼자 어떻게 할 수 있을지에 대해 이야기해 주세요. 새로이 배운 코칭 기법을 활용해 보는 것도 좋습니다. 아이에게 여러 가상의 시나리오를 말해 주고 스스로를 도울 수 있는 방법을 생각하게 하는 겁니다. 혼자서도 잘할 수 있을 만큼의 자신감을 느낄 때까지 아이에게 기회를 주시기 바랍니다.

▪ 집중력과 인지적 도움판의 기초

여러분의 아이가 손이 닿지 않는 장난감을 잡으려고 손을 뻗고 있을 때 어떻게 하나요? 본능적으로 장난감을 집어 들어 아기에게 주게 되지요? 저도 그랬답니다. 지금도 아이가 선반 위에 있는 레고 블록들을 꺼내려 하면 대신 꺼내주고 싶습니다. 그렇지만 그렇게 하지 않습니다. 행동적이고 인지적인 학습의 기회를 뺏으면 안 되니까요.

진정한 학습능력은 아이가 주도적으로 행동할 때 생깁니다. 아이가 좌절감에 눌리지 않은 채 다음 단계로 넘어갈 수 있을 정도의 도움만을 주어야 합니다. 장난감이 손에 닿을 정도의 거리에 툭 밀어 놓는 거지요. 여러분의 도움으로 장난감이 가까워졌다고 하더라도 여전히 아이는 원하는 것을 갖기 위해 노력해야 합니다. 그래야 뭐든 스스로 할 수 있다는 것을 배우게 됩니다. 노력이 필요하고, 원하는 모든 것을 부모가 전부 가져다주지 않는다는 것을 알게 되지요. 또한 성취의 기쁨을 경험하게 됩니다. 아이에게서 성취감을 빼앗지 마세요.

이런 것들은 앉아서 공부하는 그런 공식적인 학습방법은 아닙니다. 이런 학습은 평생에 걸쳐서 충분히 하게 됩니다. 온전히 엄마, 아빠의 역할에 집중하여 아이들과 보낼 수 있는 시간은 제한되어 있습니다. 아이의 하루는 숙제, 운동, 파티, 콘서트 그리고 수학 공부 등 여러 가지 할 일들로 꽉 차 있습니다. 저와 다를 게 없지요. 제가 정말로 따로 시간을 내어 직접 아이에게 비판적 사고에 대한 개인교습을 하고 싶을까요? 절대로 그렇지 않습니다. 제가 제안하는 활동들은 쇼핑하고, 때로는 생일파티에 관해 이야기하는 것처럼 아이들과 일상적인 상호작용을 통해서 가능한 것들입니다. 사전준비 없이 시간날 때마다 하는 운동 같은 거에요. 이런 대화들이 여러분의 생활에 맞지 않고, 재미도 없으며 어떠한 결과도 끌어낼 수 없다면, 다시 하고 싶지 않겠지요. 다음 장에서는 더 많은 두뇌 형성 활동들을 다룰 것입니다.

• 5장의 마무리 •

1. 어린아이의 두뇌는 다양한 자극에 노출되면서 성장한다. 아이에게 무엇을 보여주고, 얼마나 많이 상호작용할지를 선택해야 하고, 그런 활동 하나하나를 소중히 여겨야 한다.

2. 생후 1년간의 두뇌성장이 이후 성취 수준에 결정적인 영향을 준다.

3. 언어능력과 기억력은 걸음마를 배우는 유아기에 급속히 발달한다. 이때 언어와 기억을 담당하는 뇌 연결통로의 발달을 도와주는 놀이를 해야 한다.

4. 아이에게 가능한 많이 그리고 되도록 잘 들리게 또박또박 말해준다. 그게 무엇이든 좋다. 공원에서 아이와 함께 걷거나 아이를 유모차에 태우고 스타벅스에서 커피를 마신다면 스마트폰은 멀리 두고 아이와 대화하기를 권한다.

최신의 인지연구와 새로운 것들을 많이 접하다 보면, 아이들에게 미래의 삶을 준비시키면서 마주하는 문제들이 우리 세대만 겪는 새로운 세상의 문제라고 생각하기 쉽다. 그런데 그게 아닐 수 있다. 지난 수십 년 동안 똑같은 문제들을 해결하기 위해 노력했고, 그 문제들을 만들어낸 것과 똑같은 사고 방식을 고수해 왔다고 생각해 본 적이 있는가? 오늘날 우리는 걱정과 통찰을 표현할 수 있는 어휘를 더 많이 보유하고 있을 뿐일 수도 있다.

1940년대 초에, 전쟁 중이던 미국은 신병들에게 기본적인 읽기 및 쓰기 능력을 요구했다. 이런 목표를 달성하기 위해, 미국 전역의 지역과 상관없이 학교들은 처음으로 표준적인 교육과정을 따라야 했다. 이 일은 미국에서 부와 교육의 연결을 끊어내는 변화였다. 1947년까지 표준화된 시험이 도입되었는데, 이는 고등교육 입학을 위한 유일한 길이 되었다.

당시 신시내티 공립학교 부교육감이었던, 조지 에이치 리비스George H. Reavis는 1940년대 초반에 자신을 둘러싼 변화에 대해 자신의 생각을 반영한 우화를 썼다. 지금 어느 누가 이 우화를 좋아하지 않을까? 70년도 넘는 시간이 흘렀지만, 여전히 진실된 목소리를 내고 있다. 그 내용은 다음과 같다.

동물학교

조지 에이치 리비스George H. Reavis 지음

아주 옛날, 동물들은 '새로운 세상'의 문제들을 해결하기 위해 가만히 있으면 안되겠다고 생각했다. 그래서 학교를 세우고 달리기, 기어오르기, 헤엄치기, 날기로 구성된 교과과정을 도입했다. 교과과정을 쉽게 운영하기 위해 모든 동물들이 같은 교과목을 배워야만 했다.

오리는 헤엄치기 과목에서 뛰어났다. 선생님보다도 잘했다. 하지만, 날기는 평범했고, 달리기는 형편없었다. 달리기 과목을 잘 못했기 때문에 방과 후에 나머지 공부를 해야 했는데, 심지어 달리기 연습을 위해 헤엄치기 과목에서 빠져야 했다. 학교의 방침에 열심히 따른 결과 물갈퀴가 심하게 다치고, 헤엄치기 점수는 평균 정도로 떨어지고 말았다. 평균만 해도 학교에서는 문제가 되지 않았기에 어느 누구도 걱정하지 않았다. 오리 혼자서 걱정할 뿐이었다.

토끼는 달리기 과목에서 1등이었지만, 헤엄치기 과목을 위한 엄청난 보충수업 때문에 신경쇠약에 걸렸다. 날기 과목 선생님은 다람쥐에게 나무 위에서 내려오는 게 아니라, 땅에서 날아오르게 했다. 입학 전엔 나무 기어오르기에는 탁월했던 다람쥐였지만, 자신의 저조한 날기 성적에 절망했고, 과도한 연습으로 다리와 몸에 쥐가 나고 말았다. 결국에는 기어오르기 과목에서 C를 받았고, 달리기 과목에서는 D를 받았다.

독수리는 문제아여서 혹독한 벌을 받았다. 기어오르기 과목에서 배운대로 하지 않고 자기방식으로 날았기 때문이었다. 다른 친구들을 제치고 나무 꼭대기까지 1등으로 도착했지만 태도가 틀려먹었다는 게 선생님의 평이다. 졸업할 때 수석의 영광은 누구에게 돌아갔을까? 의외의 동물이었다. 일 년이 지나고 헤엄을 대단히 잘 치고, 달리기, 기어오르기, 날기를 조금씩 잘하는 뱀장어가 가장 높은 평균점수를 받았다.

학교는 땅굴 파기 과목을 가르치려 하지 않았기 때문에 두더쥐는 학교에 입학하지 못했다. 엄마, 아빠 두더쥐들은 오소리에게 개인교습을 맡겼다. 나중에 땅다람쥐가 함께 하기 시작하면서, 또 다른 학교가 생기게 되었다.

6장

학교에선 알려주지 않는
작동기억 훈련법

천재를 몰라보는 평범한 사람들

> 나는 부유한 지역의 명문 고등학교에서 인문학을 가르친다. 학생들은 똑똑하고, 열심히 공부하고, 행동거지도 바르지만, 무언가 부족하다. 스스로 생각하지 못해서다. 학생들에게 교육은 군사훈련과 같다. 인생에 대한 질문에 정해진 답이 있다고 믿는다. 문단 안에 들어 있는 문장의 수를 찾기 위한 공식과 암기할 수 있는 정보를 원한다. 인생에 대해 이 아이들을 어떻게 준비시킬 수 있을까? 책은 장식품이고, 문 버팀쇠이고, 종이 누르개일 뿐이다. 그러나 생각은 공부에 방해가 될 뿐이다.
>
> ● 익명의 교사, 《가디언》. 2015년 2월 7일

아드리안은 볼이 빨갛고 반달 모양의 눈을 가진 열 살 된 아이입니다. 장난기 있어 보이는 미소는 사라질 것 같지 않습니다. 우리가 아드리안을 만났을 때, 영국 국제학교 도서관의 푹신한 의자에 앉아 있었

습니다. 아드리안의 주위에는 우주와 관련된 것들이 많았습니다. 행성들이 판지로 만든 우주에 아슬아슬하게 걸려있었고, 판지 위에 스티로폼 태양이 눈에 띄었습니다. 반짝이는 은박으로 뒤덮인 우주선이 미래의 우주여행을 원하는 아이의 시선을 사로잡았지요. 아드리안은 자기가 좋아하는 것들과 선생님들에 대해 쉽고, 자신감 넘치게 말합니다. 게다가 아주 수준 높은 단어를 사용합니다. 열 살 먹은 아이와 대화하고 있다는 것을 잊을 정도입니다. 아드리안은 "지금 《해저 2만 리》를 읽고 있어요. 네모 선장은 아주 상징적인 인물이에요. 친절하고, 잔인하면서 동시에 강렬해요. 전형적인 할리우드 히어로는 아니에요."라고 말합니다.

열 살 된 아이가 이 정도의 통찰력을 가지고 있다니 놀랍습니다. 여러분은 아드리안의 성적이 반에서 상위권이라고 짐작할 것입니다. 가장 싫어하는 과목을 물었을 때, 바닥을 덮고 있는 카펫으로 시선을 돌렸습니다. "수학이요. …. 구구단을 외워야 해요. 사실은 3학년이었던 2년 전에 해야 했어요. 저는 암산을 잘 못해요. 글씨도 잘 못 써요. 글씨가 너무 커서 문제에요. 그래서 수학, 영어, 손글씨 보충수업을 받고 있어요. 보충수업 때문에 미술 같이 재미있는 시간에는 참여하지 못해요. 아, 스펠링 공부도 해야 해요."

아드리안은 정말로 수학과 영어 혹은 중국어에 관해 이야기하는 것을 좋아하지 않았습니다. 대신 쇼핑카트에 대해 이야기하고 싶어했지요. 아드리안은 엄마를 위해서 쇼핑카트를 디자인하고 있었습니다. "엄마하고 장을 보는데, 엄마는 쇼핑카트가 잘 안 움직인다고 했어요.

그래서 전 쇼핑카트에 전기모터를 달 거에요. 손잡이에 변속기하고 에어 브레이크도 함께요."라고 말했습니다. 2주 전에 아드리안은 정보통신기술 시간에 게임 제작 앱을 활용하여 팩맨 스타일의 게임을 디자인한 적이 있었습니다. 게임 공유 사이트에 그걸 올려봤는데, 전 세계에서 10세 이하의 많은 아이들이 다운로드했다고 합니다.

아드리안의 성적표를 보면, 거의 모든 과목에서 성취도가 낮습니다. 중국어와 영어 읽기 과목은 '평균'입니다. 그렇다고 이 아이가 지능이 떨어진다고 말할 수 있을까요? 아드리안에게 암흑물질에 대한 생각과 우주가 어떻게 팽창하고 있는지에 대해 물어봤습니다. 사실 아드리안은 같은 학급의 '더 똑똑한' 아이들보다 우주에 대해 호기심이 더 많고 아는 것도 많습니다. 아드리안이 토머스 에디슨, 에이브러햄 링컨, 월트 디즈니, 스티브 잡스와 같은 성공한 낙제생들의 뒤를 따르지 않을까 궁금합니다.

학교에서 학업을 마치지 못했던 이런 상징적인 인물들은 모두 앞으로 설명할 유동성 지능 혹은 원지능raw intelligence이 발달한 것 같습니다. 만약 아드리안이 다니는 학교에서 이 지능을 측정한다면, 아드리안은 천부적으로 높은 지능을 가지고 태어났다는 것을 알게 되겠지요. 지금은 평균적인 아이일 뿐입니다. 15년 정도 시간이 지난 후에 아드리안은 사람들을 깜짝 놀라게 할 것입니다. 자기 자신의 브랜드로 자신의 능력을 증명하고 기존 기업들을 뛰어넘어 자기 자신의 세계를 만들어낼지도 모릅니다.

⠿ 원지능이란?

원유, 실리카 혹은 밀가루처럼 원지능은 정제되지 않고 잠재력을 지닌 상태에 있습니다. 특정 분야에 대한 지능에 관한 것이 아니라, 내재된 사고의 도구를 일상적인 문제와 특별한 문제에 적용하는 능력입니다. 녹아서 액화된 금처럼, 어떤 모양으로도 될 수 있고 다시 녹아서 그 가치를 잃지 않으면서 새로운 어떤 것으로 재탄생할 수도 있지요. 전통적인 IQ 테스트로 측정되는 그런 지능은 아닌 것 같지요? 맞습니다. 지능에 대한 정의는 저마다 다릅니다. 변화무쌍하고 논란의 여지도 많은 연구분야이지요.

"당신은 정말로 당신 아이의 지능을 변화시킬 수 있습니까?"라는 질문을 종종 받습니다. "사람은 정해진 수준의 지능을 가지고 태어나는가?", "지능을 환경에 따라서 증가시키거나 감소시킬 수 있는가?" 등과 같이 좋은 질문입니다. 지능에 대한 신경과학 연구가 활발히 진행되고 있습니다. 그럼 우리는 지능에 대해 무엇을 알고 있나요?

기본적인 지능 수준은 세대를 거듭할수록 높아지고 있습니다. 학교는 아이들을 좀 더 효과적으로 가르치고 있고, 아이들은 인지적인 발달을 돕는 환경에 더욱 노출되고 있으니까요.

전통적인 IQ 테스트로 측정가능한 지능은 기업들이 요구하는 원지능과 똑같을까요? 만약 그렇다고 하면, 기업들이 인재를 찾는 작업이 엄청나게 쉬워지지 않을까요? "이력서는 필요없고, IQ 테스트 결과만 제출하세요."라고 말하면 될 테니까요. 가장 높은 IQ 점수를 보유한 사람들은 평균임금보다 몇 배나 많은 연봉을 제시받겠지요. IQ 점수에 근거해서 전 세계적인 급여기준이 마련될 수도 있습니다. 완벽하게 공정하고 투명하겠네요. 어떻게 생각하세요?

미래지향적인 회사들에게는 적용되지 않을 것입니다. 적응성, 회복력, 사회지능, 감성지능, 그리고 원지능이 기업들이 찾고 있는 미래 인재의 특성들입니다.

원지능은 비판적 사고의 영역에 놓여 있습니다. 논리적이고 체계적으로 생각하는 능력 말입니다. 원지능은 습득한 지식과 별개로 독립적으로 문제를 해결하는 방식으로 사고하게 합니다. 새로운 상황에서 어떤 패턴이나 관계를 찾고 새로운 해결책을 찾기 위한 내적인 과정을 포함하지요. 원지능은 어려운 문제 혹은 창의적인 시도에 대해 용감하지만 신중하게 생각하게 하고, 작동기억을 포함하여 우리가 가진 모든 사고의 도구를 결집시킵니다. 심리학자들은 이런 지능을 유동성 지능이라고 부릅니다.

반면에 수동적으로 습득했거나 학습된 지식은 결정화된 지능이라고 합니다. 수학시험이나 역사시험에 통과하기 위해 알아야 하는 것들을 말합니다. 유교적 전통교육 모델은 결정화된 지능에 초점을 맞춥니다. 미국과 영국의 교육과정도 마찬가지입니다. 이런 두 유형의 지능 사이에 있는 관계는 새롭고 흥미롭지만, 논란의 여지가 많은 연구 영역입니다.

빌과 멜린다 게이츠 재단과 미국 국립보건원은 표준적인 학교 시험 점수를 향상시킨 학생들이 유동성 지능까지 높였는지 궁금했습니다.

연구[1]에 따르면, 결정적 지능을 측정하는 표준화된 시험에서 학생들의 점수가 오른 미국의 공립학교들이 유동성 지능 시험에서는 특별한 개선을 보이지 못했습니다. 간단히 말해 학교공부를 잘하는 것이 인지능력을 증가시키지는 못한다는 거지요. 유동성 지능은 공부를 열심히 한다고 해서 발달하는 것은 아닌 듯합니다. 이것은 예상된 결과라고 생각합니다.

결정적 지능과 유동성 지능의 조합은 아주 강력합니다. 레고 블록을 가지고 새롭고 창의적인 방식으로 조립할 줄 아는 것은 설명서에 있는 대로 무언가를 만드는 능력보다 훨씬 더 유용합니다. 아이들이 이런 소중한 능력을 개발하도록 도우려면, 일단 유동성 지능이 무엇인지 알아야 하겠지요.

우리를 지적으로 만드는 요소가 무엇인지에 대해 100년 동안 연구했는데도 유동성 지능에 대한 정의는 명확하지 않습니다. 그나마 지금까지 우리가 알아낸 것은 아래와 같습니다.

1. 작동 기억과 처리속도
2. 적응성, 회복력, 호기심
3. 문제해결 능력

이들 모두는 학교 교육과정과 고등교육을 보강하기 위해 필요한 것들입니다. 2번과 3번은 기업이 원하는 능력이기도 하네요.

기억을 작동시키기

작동기억은 즉시적인 인지, 정보, 언어를 처리하기 위해 사용하는 단기기억의 일부입니다. 컴퓨터에 비유하자면 수많은 데이터에 더 빠르게 접근하기 위해 필요한 데이터나 프로그램들을 저장하는 초고속 메모리에 해당하지요.

작동기억의 크기와 처리속도는 추론능력 및 문제해결 능력과 밀접하게 연결되어 있습니다. 언어정보와 시각공간[1]에 관한 정보를 처리하고 기록합니다. 과학자들과 사용자들이 똑같이 작동기억에 대한 2가지의 단점을 지적합니다. 용량이 제한적이고, 소쿠리처럼 누수가 있다는 겁니다.

때때로 포토샵으로 복잡한 이미지 작업을 하거나, 아주 무거운 스프레드시트 작업을 하는 것처럼 아주 힘든 작업들을 처리하게 하면, 컴퓨터의 속도가 느려지는 것과 같은 이치입니다. 메모리가 부족한 것을 탓하기도 합니다. 컴퓨터의 메모리를 업그레이드할 수 없다면 앉아서 기다리는 수밖에 없지요. 실행시간이 초과되어서 컴퓨터를 재시작해야 하기도 합니다. 마찬가지로 두뇌의 작동기억이 너무 작고 느리면 비슷한 문제들이 생각을 방해합니다. 우리 두뇌는 껐다 켤 수도 없는데 말입니다.

두뇌의 회로판에 저장공간을 증가시킬 수도 없습니다. 우리의 작동기억은 다섯 개에서 아홉 개 정도의 정보만 수용할 수 있다는 말을 들어본 적이 있나요? 이런 말을 근거없는 말이라고 무시하고, 인간 지능에 대한 모욕이라고 여겼습니다. 하지만 제 생각이 틀렸지요. 작동기억 안에는 제한된 양의 정보 조각들만을 수용할 수 있습니다. 다섯 개나 아홉 개 모두 큰 숫자는 아니지만, 다섯 개의 정보 조각을 가지고 할수 있는 것과 아홉 개의 조각으로 할 수 있는 것 사이의 차이는 영국 자산시장에서 50만 파운드로 투자하는 것과 90만 파운드로 투자하는 것만큼의 차이가 있습니다. 이 두 금액으로 구매할 수 있는 것의 차이는 엄청납니다. 50만 파운드로 방 두 개짜리 소형아파트를 구매할 수 있지만, 90만 파운드가 있으면 방 네 개가 있는 전원 주택을 장만할 수 있지요. 작동기억의 용량이 더 크면, 동시에 더 많은 변수를 고려할 수 있습니다.

여러분의 작동기억의 크기를 간단히 테스트해 볼까요? 다음 숫자들을 읽고 기억해 보세요.

39728456

아이들의 작동기억은 거의 모든 인지영역에서 사용됩니다. 읽기 시험 질문에 답하는 것에서부터 다른 물체들, 단어들, 숫자들을 무리 짓거나 계산하기 위해 생각하는 것까지요. 문제를 해결할 때, 특히 단어 문제들을 해결할 때, 추측과 사실들이 반드시 기억 안에 있어야 하고, 결론이 도출될 때까지 함께 고려되어야 하지요. 읽기 능력 시험에서 새롭거나 불확실한 단어들은 문장이나 문단의 나머지 부분을 활용하여 그 의미를 알아낼 때까지 기억 안에 남아있어야 합니다. 이런 것들은 아이가 주기율표나 이등변삼각형의 특징과 같은 새로운 지식을 배우기 위한 활동은 아니라는 것을 눈치챘을 겁니다. 사실을 학습하는 것은 반복적으로 정보를 장기기억에 더하고 결정적 지능에 추가하는 것입니다.

이런 용량의 한계 때문에 작동지능에 저장된 정보는 새로운 데이터를 위한 공간을 만들기 위해 지워져야겠지요. 냉장고 문을 열면서 냉장고를 왜 열었는지 잊고, 우유하고 마가린만 빤히 쳐다보나요? 이게 바로 작동기억의 역할이고, 유동성 지능의 두 번째 중요한 특성인 처리속도에 관한 것입니다. 이미 무슨 의미인지 짐작하겠지만, 계속해서 컴퓨터에 비유해 볼까요. 처리속도가 빠르면 저장된 정보가 사라지기 전에 추론을 마칠 수 있다는 의미입니다. 처리속도는 일반적인 지표이고 과업에 따라서 변하지 않습니다. 속도의 증가는 나이에 비례합니다. 예를 들면, 열두 살 된 아이의 정보처리 속도는 성인의 반 정도입니다. 열 살 된 아이는 수학문제를 풀 때 여러분보다 시간이 더 걸리겠지요. 처리속도가 더 느리니까요. 저장된 사실들을 더 빠른 속도로 처리할 수 있는 아이는 그 정보가 새로운 정보에 의해 사라지기 전에 사용할 가능성이 더 높습니다. 작동기억의 용량은 같지만 처리속도가 느린 아이보다 말이지요.

앞서 봤던 숫자들을 기억하고 있나요? 몇 개나 기억하나요? 지금은 그 숫자들을 더 큰 숫자 덩어리로 기억해 보세요. 이렇게 소리 내어 불러보세요.

삼십구, 칠십이, 팔십사, 오십육.

여러분의 점수가 나아지는지 잠시 후에 다시 점검해 봅시다.

작동기억과 처리속도는 유동성 지능의 기초입니다. 어떻게 하면 아이의 유동성 지능을 발달시킬 수 있을까요? 아이와 함께 할 수 있는 재미있는 활동들이 있습니다.

작동기억 훈련소

작동기억력은 대뇌피질에 분포한 뉴런의 민감성에 따라 결정되는데, 뇌에 전자기적인 자극을 사용하여 측정할 수 있지요[1]. 이렇게 어려운 내용을 언급하는 게 마음이 편하지는 않네요. 쉽게 말하면, 작동기억력은 뉴런이 얼마나 강하고 빠르게 점화되어 뇌의 다른 영역까지 가로질러 가느냐에 따라 결정된다는 거지요. 뉴런은 사용할수록 더 좋아지고 강해집니다. 작동기억의 처리속도와 용량을 개선하는 놀이가 있습니다. 재미있는 사실은 모든 종류의 신체적인 활동은 작동기억의 용량을 개선하고, 결국 유동성 지능을 발달시킨다는 겁니다.

예를 들면, 어떤 최고경영자들은 장기 출장을 다니는 동안 줌바춤이나, 요길라테스yogilates (요가와 필라테스가 결합한 운동법—편집자 주)처럼 나름의 마음치유 활동을 못하면 좋은 아이디어가 떠오르지 않고, 좋은 결정을 내리지도 못한다고 합니다. 신체활동에 대한 장점은 이미 잘 알려져 있지요. 지속적인 신체활동을 하면 성장호르몬[2]도 분비됩니다. 성장호르몬이 여러분의 키를 더 자라게 하지는 않지만, 학습과 기억을 담당하는 뇌의 영역에는 도움이 됩니다. 대뇌 측두엽에 있는 '해마'라는 영역이지요. 에어로빅 운동은 뇌건강과 기억용량을 개선하는 데에 직접적으로 관련이 있습니다. 운동이 우리 몸을 위해 얼마나 중요한지 잘 알고 있지요. 두말할 나위 없이 우리 뇌에도 아주 중요합니다. 여기서 여러분이 아이들과 함께 할 운동 리스트를 제공할 필요가 없습니다. 그냥 아이들이 리듬에 맞춰 움직이게 하세요. 저녁식사 전에 부기 음악과 위핏Wii Fit 훌라 춤을 추면 됩니다. 아니면 빠른 속도로 동네를 한 바퀴 걷거나, 아이들에게 청소기와 가구 광택제를 주고 집안일을 돕게 하세요. 이 모든 게 훌륭한 운동입니다.

▮ 기억의 전원을 켜라

침대 머리에서 동화책을 읽어줘야 할 정도로 아이가 아직 어리다면, 오늘 밤과 내일 밤에 약간의 두뇌운동을 해보세요. 평소처럼 동화책을 읽어주세요. 그리고 간단한 질문을 하고 답하는 활동을 하는 겁니다. "오늘 밤, 주인공에 대해 무엇을 알게 되었지?"나 "아이들이 왜 안나하고 놀아주지 않았을까?"와 같이 일반적인 질문을 해보세요. 그러고 나서 조금 더 구체적인 질문을 하는 겁니다. "안나는 파티에 몇 명 초대했지?"처럼요. 아이가 얼마나 빠르고 정확하게 답을 하는지 살펴보세요. 여러분 역시 정신을 집중해야 합니다. 다음 날 밤에도 다른 이야기로 같은 활동을 다시 해보세요. 이번에는 시작 전에, 아이에게 이야기가 끝나면 질문할 테니 주의해서 들어보라고 하는 겁니다.

아이가 두 번째 밤에는 훨씬 더 잘하는 것을 보고 놀랄 겁니다. 물론 첫날보다 더 잘할 거라고 기대는 했겠지요. 그래도 놀라는 표현과 기뼈하는 모습을 보여주세요.

무엇 때문에 아이의 정보처리속도와 정확도가 향상되었을까요? 둘째 날에도 새로운 이야기를 들려주었으니, 전날 밤에 한번 '해봤기' 때문은 아닙니다. 첫날과 다른 점은 작동기억을 사용하게 준비시켰다는 거지요. 아이에게 책을 읽어주기 전에 잘 듣고 기억해야 한다고 말해주었지요. 그래서 작동기억이 켜진 겁니다. 이 장면에서 사소한 것들이라도 기억하기 위해서는 기억에 관한 뇌기능이 활성화되어야 한다는 것을 보여줍니다[3]. 물론 주의를 기울이라고 말해 줌으로써 의식적으로 될 수도 있고, 기억하고 싶기 때문에 무의식적으로 될 수도 있습니다.

목격자의 증언에는 장기기억과 정보 조각들을 재구성하는 능력이 함께 활용됩니다. 작동기억을 이미 통과해서 장기기억으로 들어간 정보인 것이지요. 과학자들은 범죄 유죄판결에서 목격자 증언에 대해 의문을 제기하고는 합니다. 기억해야 한다고 예상하지 못할 때에는 정보를 정확하게 기억해낼 수 없기 때문이지요. 미국에서 DNA 검사가 도입된 것은 1990년대입니다. 이후에 DNA 검사결과에 따라 뒤집힌 239건의 유죄판결 중 73퍼센트가 목격자 증언에 근거한 판결이었다고 합니다. 참 놀랍지요?[4] 174명의 무고한 사람들이 누군가의 기억에 의해 피해를 본 것입니다.

호기심이 기억의 기초가 된다는 것을 교육자들은 이미 경험을 통해서 알고 있습니다. 이 사실이 엄마, 아빠에게는 무슨 의미일까요? 아이들이 배우는 내용에 대해 호기심이 있다면, 학습과 기억이 훨씬 잘 되겠지요. 호기심은 기억장치의 전원을 켤 뿐만 아니라, 기억장치가 최대 용량으로 움직이게 합니다. 제 아이는 타이태닉호가 침몰한 날짜를 정확하게 알고 있고, 몇 건의 다른 재난사고가 언제 발생했는지도 기억합니다. 배워서 아는 게 아니고, 그런 이야기에 흠뻑 빠져있기 때문입니다. 그냥 좋아하기 때문에 도서관에서 관련 책을 여러 권 빌려서 읽습니다. 이런 주제에 대한 호기심이 있다는 것과 아이의 지식은 놀라울 정도입니다. 부등변 삼각형의 특성에 대해 물으면, 아무 대답도 못할거예요. 수학은 아이의 호기심을 자극하지 않거든요.

어떻게 해야 아이들이 숙제처럼 지루한 것들에 대해 호기심을 갖게 할 수 있을까요? 아이들의 도전의식을 자극해야 해요. 새로운 과제를 하고 있다면, 학급 친구들을 이길 정도로 새롭고 흥미로운 것들을 찾게 자극하는 겁니다. 아이가 시험공부를 하고 있을 때에는 세부내용을 기억하게 하는 암기법을 만들도록 자극하세요. 호기심이 생기게 하고, 아이들의 한계와 어떻게 하면 한계를 넘어설 수 있는지 물어보세요.

⦂ 숨은 기억

기억용량은 활용하는 만큼 발달합니다. 두뇌의 모든 연결통로도 마찬가지입니다. 걸음마를 배우는 아기가 있다면, '싱자에 무엇이 있지?' 게임을 더 해보세요. 이불 밑에서 인형을 꺼내면서 아기에게 이게 무엇인지 묻는 겁니다. 그리고 나서 어떻게 생겼는지 말하게 하고, 이름도 말하게 합니다. 아마도 "이건 강아지야. 털북숭이 왕눈이야." 이렇게 말할지도 모릅니다. 괴상하고 웃긴 이름을 말하게 하세요. 기억하기 쉬우니까요. 그러고 나서, 잠자기 전에 그 인형 이름이 뭐냐고 물어보는 겁니다. "이름이 뭐였지? 기억이 안나는데? 엄마한테 말해 줄래?" 이런 식으로요. 아기가 그 정보를 기억하고, 몇 시간이 지나서도 여러분에게 '털북숭이 왕눈이'라고 말하면 칭찬으로 보상해 주세요.

장보러 마트에 가지요? 아이가 구매목록에서 한 가지를 기억하게 하세요. 두세 달 후에는 두 개를 기억하게 하는 겁니다. 시간이 지나 어느 순간 사야할 물건을 잊은 척 해보세요. 빼먹은 물건이 기저귀였는지, 고무젖꼭지였는지 함께 알아내는 연습을 하세요. 이런 연습은 평생할 가치가 있습니다. 뇌 안에서 지속적으로 새로운 연결을 만들면 인지적인 노화속도를 상당히 늦출 수 있거든요.

연상되는 이미지를 활용한 암기법도 어른과 아이 모두에게 도움이 됩니다. 지하 2층 주차장 27구역에 주차했었나 하고 헷갈린 적이 없나요? 싱가포르에서는 주차장이 아주 넓어서 저는 어디에 주차했는지 메모를 하기도 합니다. 이건 뇌를 사용하는 게 아니지요? 작동기억을 위한 암기법이 쓸모가 있는지 시험하고 싶어졌습니다. 아이와 암기법을 사용해서 주차장소를 기억하거나 예약한 택시 번호를 기억해 보기로 했습니다. 저는 지하 2층 27구역은 "지렁이 두 마리를 27원 주고 샀어요."라고 아이에게 말해 봤습니다. 숫자를 시각화하는 것이 암산에 도움이 되고 나중에 체계적 사고를 위해 중요합니다. 네자리 숫자로 된 택시번호는 숫자를 두개씩 쪼갭니다. 9034라면 90과 34로 분리하는 거지요. 아이에게 택시의 외관적 특징들을 말하면서 머릿속으로 그림을 그려보게 하는 것도 좋습니다.

아래와 같이 질문해 보세요.

"아까 본 숫자들을 기억하고 있니? 엄마(혹은 아빠)가 잘 보라고 했잖아. 몇 번이었지?"

"기억이 안 나니? 엄마(아빠)가 말해 주는 것은 도움이 되지 않을 거야."

"지난번에 처음 했을 때보다 생각이 더 잘 나지? 왜 그럴까? 이번에는 엄마(아빠)가 숫자를 두 개씩 쪼개었잖아. 숫자 네 개를 한번에 기억하는 것보다 더 쉽지? 9, 0, 3, 4는 숫자가 네 개지만, 90, 34는 숫자가 두 개 밖에 안 되네? 이렇게 기억하는 게 더 쉽지?"

이런 식으로 하면 아이는 스스로 작동기억을 활성화시킬 수 있지 않을까요?

저는 학부과정에서 CRMcustomer relationship management 데이터베이스를 프로그램하는 것을 배웠습니다. 불과 몇 년이 지났는데 실제로 사용했던 코딩 언어가 하나도 기억나지 않습니다. 모든 시험에 통과를 했는데도요. 밤새도록 코딩작업을 했다는 사실만 기억나네요. 어쨌든 머릿속에서 코딩 프로그램을 돌려 투입값을 입력하면 적절한 결괏값이 나오도록 구상했습니다. 프로그래밍이 잘 되면, 코드값 하나로도 프로그램은 잘 작동을 했습니다. 프로그래밍이 엉망이면 결괏값도 엉망이었지요. 두뇌의 작동기억도 크게 다르지 않습니다.

우리가 관심을 갖는 것만 기억할 수 있다는 사실을 알아두세요. 너무나 당연하지요. 아이들이 중요한 것에 주의를 기울이지 않으면, 비판적 사고를 위한 훈련을 아무리 많이 해도 소용이 없지요. 그렇기에 어릴 때부터 집중하는 법을 배우는 것이 아주 중요합니다. 아기들은 자연스럽게 그렇게 합니다. 우리가 말을 걸면 얼굴을 쳐다보지요. 물건을 보여주면 그 물건에 집중합니다. 강아지 꼬리가 파닥파닥 움직이는 것을 보면 그 꼬리를 계속 쳐다보지요. 다른 것들은 신경도 안 씁니다. 아기 때에 시야가 좁은 것은 실제로 집중에 도움이 됩니다. 시간이 지나면, 아기의 시야는 많은 것들을 보고 들으면서 크게 확장되고 주의가 산만해지기도 합니다.

마음챙김 연습이 인기가 있는 것은 우리 주변에 산재한 바쁜 일들을 차단할 필요가 있기 때문입니다. 인기가 많아지고 효과가 증명되면서, 교실에도 도입되고 있습니다. 사실 아주 환영할 만한 일이지요. 마음챙김 연습은 교육을 위한 윤활제로 비유됩니다. 영국 엑서터대학의 캐서린 위어러 Katherine Weare 명예교수는 "학업성취에 필요한 집중력을 갖게 도와주는 것."이라고 말합니다. 사우샘프턴의 감정장애센터는 "시험을 보기 전에 몇 분간 앉아서 심호흡을 한 아이들의 시험점수가 결과적으로 좋아졌다. 이런 과정 없이 시험을 보는 학생들과 비교해 볼 만하다."고 밝혔습니다. 아이의 학업성취를 도울 수 있다면, 정말 대단한 일이지요. 하지만 여기서 정말로 중요한 것은 집중력을 지속시키는 습관을 갖게 하는 것입니다.

TV의 방해 없이 레고 블록을 가지고 노는 것, 시끄러운 최신 힙합

펑크 록 음악 없이 책에 집중하는 것과 같은 습관은 집중력 향상에 효과가 있겠지요. 우리는 아이가 어떻게 집중하는지와 아이가 중요한 과업을 수행할 수 있는 공간에 대해 신경써야 합니다.

작동기억의 속도와 크기는 유동성 지능의 하드웨어입니다. 하드웨어는 물리적인 처리 작업을 하지요. 소프트웨어는 무엇을, 어떻게 처리하는지에 관한 역할을 합니다. 유동성 지능의 소프트웨어 부분은 잠시 후에 살펴보겠습니다.

● 6장의 마무리 ●

1. 아이가 가진 작동기억의 크기와 처리속도는 문제를 추론하고 해결하는 능력과 밀접하게 연결되어 있다.

2. 작동기억은 훈련과 신체활동을 통해 더 날카로워지고 강력해진다.

3. 어릴 때부터 자연스럽게 작동기억을 자극하는 활동을 해야 한다. 아이를 일상의 일들에 관여시키는 것이 좋다. 쇼핑목록에 있는 물건을 기억하게 하거나, 주차한 장소를 찾게 하는 활동이 좋은 예이다.

4. 아이들이 인지적으로 방해를 받지 않고 학습하거나 놀 수 있는 공간을 만들어 주어야 한다. 레고를 가지고 놀고 있으면, TV는 끄는 게 좋다.

3부

인생 여정을 위한
성공 능력들

7장

편견은 아이들의 사고에 오류를 유발한다

'생각하는 것'에 대해 생각하기

새벽 3시. 또 잠에서 깼다. 잔디밭에서 나오는 소음이 반복되고 있었다. 발자국 소리 같기도, 바람소리 같기도 하고, 나무가 신음하는 소리처럼 들리기도 했다. 매일 아침 턱수염이 더부룩한 남자가 카페 근처 구석에 서 있는 것이 보였다. 검은 선글라스를 쓴 남자는 내가 플랫폼을 가로질러 가는 것을 선글라스 너머로 쫓듯이 보는 것 같았다. 신문 가판대를 지나는 순간, 누군가 미행하고 있다는 생각이 들었다. 신문의 헤드라인들은 200여 명이 살해당하고 수천 명이 부상당한 마드리드 폭파사건의 트라우마를 떠오르게 했다. 스페인판 911테러 사건. 처음에는 단순히 피해망상이라고 생각했다. 1년 전에 양육권 분쟁소송을 진행하던 탈레반 지지자를 도와준 것이 나를 감시하는 이유일까? 새벽 4시에 나지막한 목소리가 뒤뜰에서 들렸다. 하루하루 지날수록 감시를 당하고 있다는 확신이 커졌다. 아내가 집을 나설 때에 잠겨있던 문들이 그녀가 귀가했을 때는 열려있었다. 그리고 물건들이 원래 있던 위치에서 벗어나 있었다. 가족을 지켜달라고 알라신에게 기도했다. 나쁜 짓을 한 적이 없다. 두려워할 것도 없었다.

2014년 5월 6일 브랜든 메이필드가 처했던 상황입니다. 2명의 FBI 요원이 오리건주 포틀랜드에 위치한 그의 법률사무소 문을 두드렸습니다. 처음에는 정중하게 몇 가지 질문을 했습니다. 그러나 결국에는 체포영장을 가지고 사무실에 들이닥쳤습니다. 상황이 심각해졌습니다. 브랜든의 지문이 스페인 폭탄테러의 폭발장치에서 발견된 것입니다. 지문 자국은 실제와 거의 일치했습니다.

메이필드는 이집트인 아내와 결혼하기 위해 이슬람교로 개종했습니다. 그녀의 이름은 모나입니다. 그는 양육권 소송에서 테러 용의자를 변호했습니다. 이게 테러조직과 연결되었다는 의심을 받게 한 거지요. 그의 컴퓨터에서 추가적인 증거가 발견되었습니다. 스페인행 항공편과 비행 레슨 등의 검색기록이었지요. 게다가 군복무 시절에 전투훈련도 받았습니다. 메이필드는 테러리스트가 확실하고, FBI는 범인을 잡은 걸까요?

브랜든 메이필드는 변호사이자 네 아이의 아빠였습니다. 높은 수임료를 낼 여력이 없는 사람들을 도와주는 사람이었습니다. 여권은 오래전에 이미 만료되었고, 지난 10년 넘게 미국 밖으로 나간 적도 없었습니다. 그럼에도 불구하고 FBI는 법의학 전문가의 의견만으로 그의 범행을 확신했습니다. 법의학자는 FBI가 찾은 증거들을 검증하기 위해 초빙되었고, 그의 의견은 메이필드의 운명을 결정했습니다. 불행히도 범죄 전문가는 확신을 가지고 스페인에서 발견된 가방에 있는 지문 자국을 피고의 것이라고 판정했습니다. 100퍼센트 일치라고 FBI 보고서에 명시되었습니다. 사법체계 전체가 메이필드를 벽으로 밀어붙이며 압박했지만, 그는 기소가 잘못되었다고 주장했습니다.

스페인 정부의 생각은 FBI와 달랐습니다. 메이필드가 수감된 지 2주후에 스페인 경찰은 알제리 국적을 가진 사람의 지문을 발견했다고 FBI에게 여러 번 알려줬습니다. 이 알제리인 용의자는 충분한 범죄 동기가 있었고, 사건 당시 실제로 스페인에 머무르고 있었습니다. 새로운 정보 때문에 FBI는 메이필드를 석방해야 했습니다.

⁝ FBI는 어째서 그런 잘못된 판단을 했을까?

전직 CIA 직원이자 미국 국가안보국 계약 직원인 에드워드 스노든은 내부고발자입니다. 그는 광범위한 민간인 사찰[1]의 위험성을 윤리적인 이유와 현실적인 이유로 폭로했습니다. 필요한 허가만 있으면 저장된 데이터를 활용하여 정보들을 소급해서 캘 수 있습니다. 가설을 확인하는 정보들만 취합하여 가설을 뒷받침하는 그럴듯한 이야기를 꾸며낼 수도 있지요. 다시 말해, 구멍에 딱 맞는 퍼즐 조각을 만들어내는 겁니다. 메이필드의 사례는 확실한 증거가 부족했음에도 그의 유죄를 확신한 전문가들 때문에 특히 더 눈에 띕니다. 전문가들이 그를 유죄로 만들기 위해 확보할 수 있는 정보는 충분했습니다. 사용 가능한 사실들을 가지고 자신들이 내린 결론에 끼어맞추는 확증편향의 전형이지요. 이 사람들의 사고 방식은 날카롭지도, 정확하지도 않았습니다. 다행히도 이 사건에서는 스페인 경찰이 균형을 잡아주는 역할을 해주었습니다. 하지만 단 하나의 기관, 집단 혹은 어느 개인에게 의존하여 결정을 내리는 수많은 경우들은 어떻게 할까요?

이 사례의 어떤 면이 우리 아이들과 관련이 있을까요? 여러분과 관련 있는 것부터 시작하지요.

⦂ 생각의 도구들

우리가 무슨 일을 하든지에 관계없이 과거, 현재, 미래는 크고 작은 결정들이 시간과 환경이 함께 연결되어 빚어진 결과입니다. 다양한 우연들이 서로 관련되어 있지요. 결정을 내리지 않는 것도 결정입니다. 이런 결정도 가볍게 내려지지 않습니다. 의사결정 전문가로서 사용하는 도구는 무엇이 있을까요? 여러분의 두뇌와 정보를 사용하지요. 아마 컴퓨터 프로그램이 데이터를 분석하여 멋진 정보를 생산할 것입니다. 의사결정에는 다양한 도구와 재능들이 필요합니다.

- 두뇌: 정보처리 방법과 결정에 대해 편견을 갖게 되는 방식을 이해하기

- 정보: 양질의 정보를 인식하고 찾아내는 능력

- 다른 사람들: 사람들이 어떻게 정보를 만들고 제시하는지 이해하기

- 교육: 생각의 구성요소가 되는 지식을 활용하기

- 역사와 경험: 자신의 경험과 타인의 경험으로부터 배우기

- 감정: 감정이 사고에 미치는 영향을 이해하기

- 결정 과정: 사고과정과 의사결정을 개선하고 반성할 수 있는 과정을 만들어내기

우리의 두뇌는 자원이 밀집되어 있지요. 몸에 공급되는 포도당과 산소의 20퍼센트 정도가 뇌에서 소비됩니다. 뇌는 연료먹는 하마일뿐만 아니라 동작이 느린 처리장치이기도 합니다. 우리가 원하는 속도보다 느린 편입니다. 강의실에서 우리의 뇌와 쿼드코어 컴퓨터 중에서 어떤 게 데이터 처리가 더 빠를지 물어봤습니다. 대다수 사람들이 뇌가 더 빠를 거라고 해서 깜짝 놀랐습니다. 여러분도 그렇게 생각하나요? 100개의 숫자를 곱해야하는 스프레드시트를 받으면, 뭐라고 할 건가요? "이런 성가시게 엑셀을 쓸 필요가 있어? 내가 엑셀보다 빨리 계산할 수 있어." 라고 말할 수 있나요? 그럴 수 없을 것입니다.

미묘한 데이터라면 우리가 컴퓨터보다 더 잘 인식하고 처리할 수 있을지도 모릅니다. 가공되지 않은 데이터를 처리하는 것이라면, 우리의 뇌는 56K 모뎀의 처리속도보다도 느립니다. 모뎀을 사용해 본 적

이 있지요? 전화번호를 입력하면 아주 멀리 떨어진 서버에 연결이 되고, 인터넷에 접속될 때까지 기다리던 기억이 나네요. 지금 생각해 보면, 슬로우 모션 같습니다. 뇌의 정보처리 속도는 이것보다도 훨씬 느립니다.

그러나 좋은 판단을 아주 빨리 하는 사람들이 있습니다. 예를 들면 엄청난 양의 정보를 이용하여 신속하게 생사의 결정을 해야 하는 응급의 같은 사람들이지요. 전투기 파일럿이나, 군인, 소방관도 마찬가지입니다. 중역 회의에서 신속하게 결정해야 하는 CEO도 있네요. 이런 사람들은 과거의 지식과 경험을 축적한 저장소를 보유하고 있습니다. 축적된 정보가 의사결정 과정에 빠르게 투입되고, 의식처리장치인 전두엽 대뇌피질보다 훨씬 빠른 속도로 결정을 내리는 거지요. 이런 정보를 직관 혹은 '신체표지'라고 부르기도 합니다[2]. 군인이나 파일럿은 모의 비행장치나 가상 전투상황을 통해 오랜 기간 의사결정 훈련을 합니다. 최고경영자도 성공과 실패를 통한 자기성찰로 사고과정이 보다 효율적으로 발전합니다. 아이들에게 주어지는 문제들과 상황은 새롭고 경험해 보지 않은 것들입니다. 아이들이 내리는 결정의 결과들이 축적되면 경험과 지식으로 가득찬 데이터베이스를 갖게 되겠지요.

신체표지와 훈련은 작동이 느린 두뇌와 자원이 가득찬 두뇌 모두의 한계를 극복하기에는 충분하지 않습니다. 그래서 인지적 바로가기, 혹은 체험적 탐색을 사고과정에 더합니다. 정형화된 이미지는 그런 지름길의 예입니다. 우리는 누군가를 살짝 보기만 해도 그 사람을 믿을지 말지에 대한 충분한 정보를 수집할 수 있지요. 예를 들면 옷차림, 머리 모양, 문신, 청결상태, 얼굴 표정, 말투 등을 포함하여 우리가 인식하는 표식들은 우리 마음속에 상당히 광범위한 프로필을 생성합니다. 사실을 표현하는 스냅사진일 수도 있고, 전혀 아무것도 아닐 수도 있지요. 시간이 오래 걸리지도 않습니다. 일주일 정도 이런 정형화된 이미지 만들지 않기 위해 노력한 적도 있습니다. 처음 만난 사람에 대해 어떤 의견이나 느낌을 만들지 않는 거지요. 이런 체험에 의한 탐색기능을 끄고, 첫인상으로 사람을 판단하는 것을 멈출 수 있을까요? 아무리 노력해도 만나는 한 사람 한 사람에 대한 내적 정보를 활용하게 됩니다. 의식적인 판단을 하기 전에 이런 정보들이 쌓여갔습니다. 제가 할 수 있는 최선은 훨씬 느린 이성적인 사고를 이용하여 첫인상에 의한 평가를 지우는 것이었습니다.

ː 편견의 비즈니스

행동주의 경제학은 우리가 일상의 판단을 위해 의존하는 정신적인 과정을 연구합니다. 신경과학과 신경 영상 기술의 발전으로 도움을 받고 있지요. 행동주의 경제학이 관심을 갖는 인지적 편향과 인지적 바로가기는 우리가 데이터를 처리하면서 생성됩니다. 우리가 어렸을 때부터 이런 것들을 알았으면 어땠을까요? 편견이 어떻게 형성되고, 우리는 왜 고민하지도 않고 정형화된 이미지를 사용하는지, 우리는 왜 사람들이 말하는 것을 믿는지, 10대에는 왜 위험한 결정을 하는지 등과 같은 것들을 부모님이 가르쳐 주었다면 어땠을까요? 어릴 때 감정이 우리의 사고 방식과 의사결정 과정에 어떻게 영향을 주는지 설명해 주었다면, 심지어 그 어려운 대수학 문제를 풀어내는 능력도 감정에 영향을 받을 수도 있다고 알려주었다면 어땠을까요? 지금 우리가 사는 세상은 더 나아지지 않았을까요?

▌ 생각을 고정시키는 것의 위험함: 닻내림 효과

아래 문장을 완성해 보세요.

미국인들은 ———————————— 하다.
정치인들은 ———————————— 하다.
중국인들은 ———————————— 하다.
이민자들은 ———————————— 하다.
런던 시민들은 ———————————— 하다.
무슬림들은 ———————————— 하다.
기독교인들은 ———————————— 하다.

어느 비오는 토요일 오후, 시끄러운 소리가 지하실에서 들려왔습니다. 총소리, 헬리콥터가 날아다니는 소리, 폭탄이 터지는 소리를 입으로 내고 있는 것이 들렸습니다. 누군가 "공격, 공격, 지금이 기회야." 하고 소리쳤습니다. 문쪽으로 살금살금 걸어가서 살짝 내다봤습니다. 레고 블록이 와장창 무너지는 게 보였습니다. 멋진 아라비아 양식의

성 위에 작은 탑이 세워져 있고, 깃발들이 꽂혀 있었습니다. 터번을 두르고 총을 들고 있는 장난감 보초들이 헬리콥터의 폭격에 날아가고 있었지요. 파란색의 점프 수트를 입은 군인들은 미국인 말투를 흉내내고 있었습니다.

"아니, 이게 무슨 일이니? 경찰하고 강도들이니?"라고 아들에게 물었지요.

"아니에요. FBI와 테러리스트들이에요!"

"어느 쪽이 테러리스트니?"

답을 이미 알고 있으면서 왜 물어봤을까요? 사실은 믿을 수 없었기 때문입니다. 이제 여섯 살 된 아이가 레고 장난감일지라도 정형화된 이미지를 바탕으로 사람들을 프로필하고 구별할 수 있다니요. 제 아들의 테러리스트는 아프가니스탄에서 왔다고 생각합니다. 제 아들의 놀이는 2013년에 발생한 보스턴 폭탄테러 직후의 일입니다. 아이와 이 사건에 대해 이야기한 적이 있습니다만, 고정관념을 만들지 않기 위해 많이 조심했습니다. 보스톤 폭탄테러뿐만 아니라, 911사건에 대해서도 여러 번 이야기를 나누었답니다. 아이가 가지고 있는 테러에 대한 경험과 사람들은 선하기도 하고 악하기도 하다는 믿음은 전적으로 이 두 사건에 근거했다는 것을 깨달았지요. 아이는 알고 있던 몇 개의 사실들에 고정되었고, 그 사실들을 바탕으로 21세기의 악당에 대한 이미지가 마음속에 자리 잡았습니다. 겨우 여섯 살 먹은 아이라는 사실을 탓할 수 없었지요.

아주 단편적인 체험으로 만들어진 인지적인 지름길입니다. 닻내림에 의해 고정된 편견은 사람들이 몇몇 중요한 정보에만 집중하게 하고, 그것들과 관련된 이야기를 꾸미게 합니다. 왜 그럴까요? 많은 정보를 빠르게 처리할 수 있기 때문이지요.

이제 여러분이 써 놓은 단어들을 볼까요? 모든 문장에 들어간 단어가 있나요? 단어 하나가 전체 집단에 대한 답이 될 수 있을까요? 여러분의 답은 여러분이 누구냐에 따라 다양하겠지요. 여러분이 머릿속에 얼마나 많은 고정관념을 가지고 있는지 아시나요? 모든 고정관념은 여러분이 낯선 사람을 만날 때 마음속에 번쩍이며 나타납니다. 이런 이미지와 일치하는 사람을 기차에서 보면 그 사람에 대한 결론을 빨리 낼 수 있겠지요. 여러분이 아는 영국인, 중국인 혹은 미국인 중에서 여러분이 생각하는 고정관념과 일치하지 않는 사람들을 본 적이 있나요? 불행히도 무분별한 고정관념은 종교적 극단주의, 집단따돌림, 차별과 인종주의 등을 만들어 냅니다.

적어도 아이 앞에서는 사람들을 고정된 모습으로 정형화하는 일은 피해야 합니다. 어느 특정 지역 출신의 택시운전사가 빨간불을 무시하고 통과하더라도, 그 지역 출신 사람들 모두가 나쁜 사람이라고 욕해선 안 됩니다. 정신적인 체험에 의한 닻내림 효과는 정보를 활용하는 모든 상황에서 스멀스멀 나타납니다. 우리가 무언가 생각할 때 알고 있던 내용이 잠재의식 속에서 먼저 떠오르고, 그 내용이 생각의 시작점이 됩니다. 즉, 기존의 고정관념과 비교하여 새로운 정보를 조정하겠지요.

홍콩에 처음으로 이사 왔을 때, 괜찮은 아파트를 찾기 위해 부동산 중개인을 고용했습니다. 그 중개인은 우리의 예산규모를 알고 있었습니다. 또한 홍콩 부동산 시장에 대해 우리가 아는 게 별로 없다는 것도 알고 있었지요. 그녀는 예산범위 안에서 여러 아파트들을 보여주었습니다. 곰팡이가 많이 낀 집, 악취가 심한 집, 작고 허름한 집 등등 아주 다양했습니다. 우리가 준비한 돈이 적지 않다고 생각했기에 이런 상황은 예상 밖이었습니다. 시간이 지나면서 우리는 중개인에게 더 나은 아파트를 소개해 달라고 요청했습니다. 물론 더 나은 집들은 모두 예산초과였지요. 어쩔 수 없이 돈을 더 내고 계약했습니다. 그런데 일 년이 지나고 나서 준비된 돈보다 적은 비용으로도 좋은 아파트를 구할 수 있었다는 것을 알게 되었지요. 단지 그 중개인이 보여주지 않았을 뿐입니다. 그녀는 아주 교묘하게 우리의 구매력에 대한 잘못된 고정관념을 마음속에 심어 준 것입니다.

생각의 고정화가 만드는 결과에 대해 아이들을 빨리 이해시켜야 합니다. 빠를수록 좋습니다. 협상에서 처음의 닻내림 효과가 전체 논의의 틀을 형성하기 때문만은 아닙니다. 고정관념화는 훨씬 은밀해서 나중에 찾아내서 수정하기도 어렵습니다. 인지적 바로가기는 확증편향으로 고정됩니다.

▪ 확증편향

2011년 3월, 싱가포르의 어느 경영대학원에서 비판적 사고를 가르치고 있었습니다. 3월 11일에 일본 도호쿠 지역의 태평양 연안에 생긴

규모 9의 지진 때문에 쓰나미가 발생되었습니다. 후쿠시마 제1원자력 발전소를 초토화시켰지요. 체르노빌 사고 이후로 최대규모의 방사능 유출 사고였습니다. 재난 발생에 관한 내용과 방사능 유출을 막기 위해 이어지는 응급활동에 관한 정보가 점점 많아지면서, 학생들은 의사결정자들이 저지른 인지적인 실수에 대해 평가할 수 있었습니다. 강의실에 앉아서 남들이 내린 잘못된 결정에 대해 비난하는 것은 꽤 손쉬운 일이지요. 심지어 어떻게 하면 더 좋은 의사결정이 되었을지에 대해 결정하는 것도 식은 죽 먹기입니다.

그러나 현실에서의 비판적 사고는 그렇게 쉽지도 않고, 직관적이지도 못합니다. 시험기간이 다가왔고, 시선을 학생들에게 돌렸습니다. 기말 과제를 위해 감정을 자극하는 사진이 포함된 뉴스기사들을 포함했습니다. 인간의 비극과 후쿠시마 원전 실패를 다루는 기사들이었습니다. 기말과제의 질문은 핵발전에 관한 것이었지요.

> **Q.** 일본에서 발생한 최근의 사고를 생각해 봤을 때, 핵에너지를 세계적으로 폐기하는 것이 합리적인가? 여러분의 답변을 적어보세요.

MBA 학생들은 뭐라고 대답했을까요? 원자력 전문가는 한 명도 없어서 기술적인 사항에 대한 답은 기대하지 않았습니다. 대신에 어떤 근거로 결론을 내렸는지를 주의깊게 보았습니다. 대다수가 폐기에 찬성했습니다. 최근에 발생한 재난사고에 대한 정보를 많이 인용했습니다. 원자력 발전의 효율성과 안전성은 무시하는 대신 비전문적인 정보에 꽂혀 있었습니다. 또한 지리적인 위치와 정부의 관리 감독상의 문제는 무시했습니다. 이 차이는 핵발전소의 안정성에 영향을 줄 수 있는 요소이지요. 최근 사건에 의한 편향은 학생들이 가장 최근 사건에 대해 거의 100퍼센트 가중치를 부여했고, 핵에너지의 효능성에 관한 수십 년간의 데이터에는 낮은 가중치를 주거나 무시했습니다.

1년 반이 지난 2012년 말에 대학원 수업과 학부 수업에서 똑같은 질문으로 사례연구를 반복했습니다. 똑같은 자료를 이용했으니 대답도 똑같았을까요? 그렇지 않습니다. 이 학생들은 '핵에너지는 계속 유지되어야 한다.'는 결론을 내리면서 최근 뉴스기사보다는 훨씬 더 광범위한 정보를 인용했습니다.

무슨 일이 있었던 걸까요? 재난의 여파로, 뉴스는 사람들이 겪는 고통, 생명과 재산에 미친 엄청난 피해로 도배되었지요. 일본 전역에 퍼진 비극적 사건과 슬픔에 영향을 받지 않는다는 것은 초인적인 일입니다. 그 당시에 핵에너지가 미래에 대한 해결책이라고 말하는 것은 아주 어려운 일이었겠지요. 하지만 18개월이 지난 후에, 동일한 사례연구 수업에서 학생들은 아주 다른 결론을 제시했습니다. 핵에너지 자체가 아닌 인간의 잘못이 어떻게 후쿠시마 원전사고의 원인이 되었는지를 반영하는 결론이었습니다. 핵에너지를 찬성하는 쪽으로 돌아서는 것은 분명해 보였습니다. 몇 개월 사이에 다른 결정이 내려진 거지요. 학생들만 쓰나미의 여파로 핵에너지를 비판하는 덫에 사로잡힌 것은 아니었습니다. 전 세계 정치인들은 핵에너지를 이용한 발전 방식에 대해 다시 생각해 볼 것을 요구받았습니다. 스위스와 독일은 핵발전을 확대하려는 계획을 철회했지요. 이 두 나라는 일본, 특히 후쿠시마와 지리적으로도 유사성이 없고, 제도적 규제도 달랐습니다.

첫 번째 그룹 학생들은 편견의 희생양이었습니다. 인지적 닻내림[3]에 대해 너무나 잘 알고 있었음에도 영향을 받은 거지요. 이 경우는 인간의 관리감독 소홀이 만든 재난입니다. 학생들은 원전사고의 원인이 인간의 잘못이었다는 것에는 동의하지만, 핵에너지는 인류에게 해롭다고 결론을 내렸습니다. 자신들의 신념을 확인해 주는 수많은 증거를 찾았고, 자신들의 생각과 일치하지 않는 증거는 무시했습니다.

학교 수업에서만 인지적 편향성을 극복하는 결정을 하고, 위험이 높은 현실에서는 그렇지 못하다면 무슨 의미가 있을까요? 언제 문제가 생길까요? 확증편향은 우리 주변에 항상 도사리고 있습니다. 어떤 현상에 대해 특정한 의견을 갖게 되면 의견에 부합하는 정보에 더 중요성을 부여하고, 그렇지 않은 정보나 사람들은 무시하기 쉽지요.

우리 아이들에게 이런 인지적 편향성의 폐해를 가르치기 위해 무엇을 어떻게 해야 할까요? 아이들의 이성은 아직 성장 중이라서 외부 영향을 쉽게 받습니다. 아이들의 생각이 건강하게 성장하려면 어떻게 해야 할까요? 여러분도 자신이 가지고 있는 편향성을 스스로 극복할 수 있는 방법을 생각해 보세요.

사춘기와 집단사고

확증편향이 FBI의 메이필드 사건에 어떻게 영향을 주었는지 아시 겠나요? FBI는 처음부터 메이필드가 유죄라고 의심했지요. 그러고 나 서 유죄의 증거를 수집했습니다. 그들의 의심을 확증할 충분한 데이 터를 선별했습니다. 메이필드가 무고하다는 증거도 발견했지만, 그런 사실들에는 관심을 두지 않았지요. 무엇이 이런 오류를 강력하게 만들 었을까요? 그건 바로 한두 명의 개인들의 실수가 아니라, 팀 전체가 메 이필드를 유죄로 만든 것입니다.

사회심리학자인 어빙 재니스Irving Janis는 집단사고의 개념을 처음 도입했습니다. 어빙 재니스는 이성적인 개인들이 함께 모였을 때, 비 이성적이거나 잘못된 결정을 내리는 이유를 설명하고자 했습니다.

> 집단의 압박이 가해지면, 인지적 효율성, 현실검증, 그리고 도덕적 판단이 저하
> 되고, 집단사고에 의해 잘못된 결정을 하게 된다.
>
> ● 어빙 재니스(Irving Janis)

좀 가혹하지 않나요? 팀에 의한 의사결정은 사업의 기본이고, 현 대 학교 교육이 권장하는 모델입니다. 그러나 우리가 집단의 안이함 이나 대의명분의 그림자 안에 숨을 때, 사고패턴에 변화가 생긴다는 것은 역사적으로 증명된 사실입니다. 집단사고는 사춘기에 해당하는 13세부터 19세에 특히 강력합니다. 또래집단이 아주 중요한 시기이지 요. 또래집단의 영향은 10대 아이들의 사고 방식과 의사결정에 깊숙이

스며들어 있습니다. 발달단계에서 사춘기는 잘못된 결정을 하고 위험을 더 많이 감수하는 특징이 있습니다. 예를 들면, 사춘기 아이들과 초기 성인단계에 있는 사람들은 25세가 넘은 성인들보다 폭음을 하거나, 흡연을 더 많이 하는 경향이 있지요. 때때로 성관계 상대가 여러 명인 경우도 있지요. 폭력적인 행위나 범죄행위에 관련되는 경우도 더 많습니다. 그리고 음주운전 사고를 더 많이 내기도 하지요[1]. 사춘기 아이들은 정보를 처리하는 방식이 비이성적이고, 성인들이 인식하는 방식대로 위험을 인지하지 못한다는 것이 우리가 많이 갖고 있는 생각입니다. 10대 아이들은 자신들이 아무 문제가 없다고 생각합니다. 그래서 그런지, 많은 학부모들이 열여섯 살 아이들의 논리적인 추론과 기본적인 정보처리 능력은 성인의 능력과 비슷하다는 다수의 연구결과에 놀랍니다. 성인들과 비교해서 사춘기 아이들이 위험을 인지하거나, 그 위험에 자신들이 얼마나 취약한지를 가늠하는데 있어서 큰 차이가 없습니다[2]. 사실은 광범위한 위험행동에 내재된 위험요소를 평가하는 데에 있어서 나이와 관련된 개인차는 거의 없다는 실험결과도 있습니다[3]. 위험을 감수했을 때 발생할 수도 있는 결과의 심각성을 인식하는 것도 마찬가지입니다. 10대 아이들의 행동에 의해 발생하는 상대적인 손실과 이득을 평가하는 능력이 성인과 차이가 없다는 것도 놀랍습니다[4]. 결론은 10대 아이들의 높은 위험 감수는 무지, 비논리성, 망상 혹은 잘못된 계산 때문은 아니라는 거지요[5].

그렇다면 평범한 10대 아이들이 의심스러운 결정을 하거나 사회적으로 바람직하지 않은 행동을 하게 만드는 것은 무엇일까요? 친구들은 어떤 영향을 미칠까요?

이런 인생의 전환기에 발생하는 행동들을 정교하게 설명하기 위한 연구가 지속되고 있습니다. 뇌영상 촬영과 여러 연구에 따르면, 건강한 의사결정, 위험측정, 충동조절을 담당하는 인지적인 시스템은 뇌의 전두엽 피질에 있다고 합니다. 전두엽 피질은 출생 후에 초기 성인기까지 선형적으로 발달하고, 하향식 통제시스템인 것으로 보입니다. 위험측정과 충동조절이 유아기부터 사춘기까지 천천히 지속적으로 발달한다면, 어린 아이들보다 10대 아이들이 더 위험 회피적이어야 하겠지요. 여러분 가정에 10대 청소년과 함께 그보다 어린 아이가 있다면, 이 지점에서 고개를 흔들겠지요. 그렇지만 위험감수의 결과를 어떻게 인식하느냐에 대해서는 아이들이 커가면서 흥미로운 변화가 생깁니다.

어린 아이들은 위험한 행동으로부터 부정적인 결과를 예상할 수 있습니다. 반면에 10대 청소년은 위험 감수를 보상이나 다른 긍정적인 결과와 연결하는 경향이 있습니다[6]. 이것은 변연계라고 하는 또 다른 신경계의 선형적인 발달과 연결됩니다. 변연계는 보상, 감정적 자극, 사회적 자극에 대한 반응을 관장하는 신경계입니다. 상향적으로 반응하는 신경계이며 10대 중반까지 발달하는데, 감정 조절 기능보다 몇 년 빠르지요. 보상과 감정에 너 과장되게 반응하게 합니다[7]. 감정적으로 흥분되거나 위험한 상황에서, 청소년들은 성인처럼 사고할 수 있음에도 불구하고, 보상을 갈구하는 변연계의 반응이 이런 논리적인 사고보다 더 강하게 작동합니다. 결국 10대 아이들의 정보처리 방식과 정보에 반응하는 방식에서 불균형이 발생하게 되지요. 아래 그림은 이런 위험한 발달단계를 설명합니다[8].

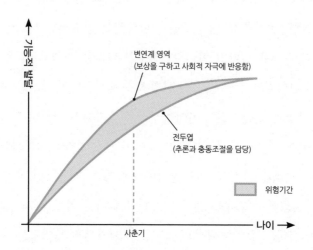

그림을 보니 청소년들의 위험에 대한 인지를 증가시키고 건강한 의사결정을 돕기 위한 해결책들이 왜 기대한 만큼 효과가 나타나지 않는지 짐작할 수 있습니다.

이 시기의 호르몬 변화는 보상[9]과 중독에 대한 감수성을 증가시키고, 위험한 행동을 하면서 받는 즐거움을 더 커지게 하지요. 다행히 10대 아이들의 하향식 추론 체계는 열다섯 살 정도에 통제력을 회복하기 시작합니다. 물론 개인차가 있습니다. 이런 변화가 인간에게만 있는 현상이 아니라 영장류, 설치류와 심지어 조류에게도 발생하는 변화라는 점이 그나마 위안거리입니다. 새로움을 추구하고, 동년배 친구들과 무리 지어 다니고, 부모와 갈등하는 것은 종에 관계없이 나타납니다[10]. 결국, 사춘기는 안전한 가정과 엄마의 보살핌에서 독립하기 위한 전환기입니다.

평균적으로 사춘기 후반까지 청소년들은 위험한 행동을 하고자 하는 욕구가 충동을 통제하는 능력보다 강합니다. 위험행위 시도를 줄이기 위해 인지적인 통제 체계를 강화하고, 건강한 의사결정에 초점을 맞추는 방식은 근본적인 해결책이 아닐 수 있습니다. 아이들에게 순간적으로 충동조절이 안되는 이유를 이해시키고, 충동을 다룰 수 있는 방법을 알려주는 것이 더 낫지 않을까요?

또래집단의 영향은 어떤가요? 10대 청소년의 부모들은 청소년기의 위험행위 시도는 무리지어 있을 때 더 발생하기 쉽다는 것을 알고 있습니다. 사실은 청소년기의 전형적인 특징이지요. 아이의 친구들이 과도하게 술을 마시거나 불법 약물을 사용하는 정도를 보면, 우리 아이도 함께할 수도 있다는 추정이 가능합니다[11]. 사춘기 이전에 아주 똑똑했던 아이도 또래집단의 압력 때문에 평소와 다르게 나쁜 결정을 할 수도 있지요.

위험한 행위를 시도하는 건 명시적이든 암시적이든 어떤 보상이 있을 것이라는 기대 때문에 발생합니다. 즉각적인 보상일 수도 있고, 가까운 미래에 있을 보상일 수도 있지요. 보상을 받으면 뇌에서 도파민의 활동이 증가합니다. 도파민은 중독성이 있는 약물처럼 기분을 좋게 하는 화학물질입니다. 사춘기 기간 중 두뇌는 보상을 받을 때 마약주사를 맞는 것과 같습니다. 그래서 위험에 대한 충동이 강해지게 됩니다. 게다가 친구들이 함께 있을 때 위험 감수를 하게 되면 결과에 관계없이 보상을 받을 때처럼 기분이 좋다고 합니다. 이런 현상은 성인의 뇌나, 사춘기 이전 아동의 뇌에서는 보이지 않습니다. 오직 사춘기 시절에만 나타납니다. 그러니 사춘기 시절은 더 즐거우면서 더 위험할지도 모릅니다[12].

잘 발달된 위험추구 욕구와 발달 중인 충동조절 사이의 불균형은 생물학적으로 생긴 것으로 보입니다. 그러니, 청소년기 아이들의 생각하는 방법을 변화시키기 위해 설계된 교육활동으로는 해결될 것 같지 않습니다. 위험 감수행위와 연결되는 피해를 줄이는 데에 초점을 맞춘다면 성공할 가능성이 더 높아지겠지요[13].

우리는 생물학적인 변화와 싸우려 해서도 안되고, 사춘기 시절의 강렬함을 사라지게 할 수도 없습니다. 그러니 아이들의 위험판단 능력과 의사결정 능력 뒤에 숨어 있는 정신적인 재능을 더 탐구해 봅시다. 편향성에 대한 해결책과 좋은 의사결정자가 되기 위해 필요한 습관을 탐구하면서 생각의 질을 향상시킬 방법을 알아보겠습니다.

감각추구를 위험행동으로 해석하는 정도에는 다양한 개인차가 있다는 것을 다시 한번 지적하고 싶습니다.[14] 즉, 개인적인 성숙도, 위험행위를 시도할 수 있는 기회와 위험행위에 대한 아이의 일반적인 기질 등과 같은 변수들이 있다는 것입니다. 예를 들면, 조숙한 아이들이 좀 더 위험한 상태에 있을 수 있고, 어른의 보살핌이 부족한 경우도 있습니다. 술, 약물 그리고 자동차에 얼마나 쉽게 다가갈 수 있는가도 중요한 변수이지요. 소심하고 불안해 보이는 아이들은 위험행위를 할 가능성이 낮지만, '안 돼!'라고 말하는 것을 어려워할 수도 있습니다.

집단 위험행위 시도가 청소년들 사이에서 상대적으로 더 많이 관찰되지만, 이것은 아이들이 또래집단과 더 많은 시간을 보내기 때문일 수도 있다는 것을 기억하세요.[15]

사고의 민첩함

1917년 아인슈타인은 그의 일반상대성이론에 작은 결함을 발견했습니다. 그의 방정식에 의하면 우주는 안정적인 상태에 있을 수 없고 확장하거나 수축합니다. 말이 되지 않는다고 생각한 아이슈타인은 해결책을 신속히 만들어냈고 '우주상수'라는 개념을 이론에 도입했습니다. 중력의 효과를 방해하고, 정적인 우주를 유지하기 위해서였습니다.

1927년, 벨기에의 신부이자 천문학자인 조르주 르메트르가 발표한 이론은 아인슈타인을 궁지로 몰았습니다. 그의 이론 일부는 아인슈타인의 계산식에 근거했지요. 아인슈타인은 르메트르의 계산식이 정확할지도 모르지만, 그의 물리학은 형편없다고 말하며 르메트르의 주장을 일축했답니다. 르메트르 또한 포기하지 않고 사실 우주는 팽창하고 우주상수는 불필요하다는 그의 생각을 계속 발전시켰습니다. 르메트르의 이론이 받아 들여지기까지 60년이라는 시간이 걸렸습니다. 그의 이론이 바로 '빅뱅 이론'입니다. 우주를 이해하기 위해 빼놓을 수 없는 이론이지요. 오늘날 대부분의 과학자들이 우주는 밀도가 굉장히 높고, 뜨거운 하나의 시공간 지점에서 기원했으며, 그 이후로 계속 팽창해 왔다고 인정합니다. 무엇을 향해 팽창하는가는 해결해야 할 다음 수수께끼이지요. 아인슈타인도 결국 이 개념을 받아들였고, 나중에 우주상수는 그의 연구경력에서 가장 큰 실수였다고 인정했습니다. 아인슈타인조차도 그가 무엇을 모르는지 몰랐다는 거지요.

⋮ 인식

과거에 한 번도 본 적이 없는 색깔을 상상해 봅시다. 어렵지요? 우리의 인식은 이미 알고 있는 것들과 그것에 근거해서 조합할 수 있는 것들로 제한됩니다. 특히 언어로 표현될 수 있는 것들이지요. 헨리 포드가 당시 대다수 고객에게 무엇을 원하는지 물었다면, "더 빨리 달리는 말."이라고 대답했을 겁니다. 이성의 한계, 편향성, 인식 등의 한계를 인식하지 못한다면, 사고 방식을 바꾸어야겠다는 생각을 할 수 있을까요?

앞서 언급한 FBI[1]직원들이 "잠깐만. 우리 결정이 확증편향, 집단사고, 아니면 고정관념에 영향을 받지는 않았을까?" 혹은 "우리가 처한 상황 때문에 잘못된 결론을 낸 것은 아닐까?"라고 서로에게 말했다면 어땠을까요? 다시 한번 생각해 보자고 말하는 사람이 하나라도 있었다면 말이죠.

어떻게 하면 우리 아이들이 이런 생각의 실수들을 잘 피할 수 있을까요? 아이에게 교과서적인 정의를 알려주는 것은 아무런 효과가 없습니다. 워크숍과 코칭 시간에 정신적 편향성에 대해 자세히 설명했습니다. 참가자들이 자기 자신의 사고체계에서 발생하는 이런 생각의 오류를 잘 인식할 수 있기를 기대했습니다. 참가자들은 자기 자신이 아닌, 이론이나 다른 사람들의 생각에서 오류를 잘 찾아냈습니다. 다른 사람들이 잘못 생각하고 있는 면을 인식하는 것도 중요합니다.

아이들이 하나의 특성이나 조그만 정보에 관심을 집중해 그 정보들만을 가지고 자신들의 의견을 주장한다면, 아이들에게 편향된 정보에 몰두하고 있는 것은 아닌지 물어보세요. 그리고 계속 질문하세요. "그런 편향된 정보들과 다른 이야기를 하는 정보가 있지는 않을까?"하고요. 아래 예를 보세요.

> "아빠, 새라는 저보다 용돈을 더 많이 받아요. 새라네 부모님은 새라를 많이 사랑하는 것 같아요. 아빠가 저를 사랑하는 것보다 더 많이요."

아이들은 이런 이야기를 많이 하지 않나요? 여기서 무엇이 인지적 닻내림일까요?

> 정답: 용돈을 사랑에 대한 유일한 측정도구로 인식함.
> 아이에게 해야 할 질문: 엄마, 아빠가 너를 사랑한다는 것을 보여줄 다른 방법들도 있지 않을까?

질문을 받은 아이들은 혼란스러울지도 모릅니다. 우리는 아이들이 어떤 고정된 인식에 갇혀 있다는 것을 알 수 있습니다. 바로 그 순간에 아이들의 고정된 생각을 합리적으로 대신할 수 있는 다른 인지정보를 찾지 못할 수도 있어요. 괜찮습니다. 우리가 가지고 있는 정보는 부족할 수 있지만, 우리는 아이들에게 사고의 틀을 제공할 수는 있어요. 좀 더 깨끗한 렌즈로 세상을 보고 생각할 수 있는 방법을 말입니다. 아이들이 계속 질문하게 하세요.

"지금 사용하고 있는 고정된 생각이나 정보는 무엇이 있지? 다른 생각이나 정보가 있다면, 혹시 그런 게 전혀 없더라도 이 문제가 바뀔 수도 있지 않을까?" 같은 질문이요.

10대에 발견되는 닻내림 효과에 대한 재미있는 사례가 있습니다. 또래집단은 청소년기 약물 사용[2]과 반사회적 행동에 영향을 주는 주요한 요소라는 것은 잘 알려져 있지요. 때때로 유전적인 원인[3]보다도 중요합니다. 친구들이 무엇을 하는지 인지하는 것은 아이들의 행동에 영향을 주겠지요. 아이들이 볼 때 친구들이 이미 성행위에 적극적이라고 착각하고 있다고 가정해 볼까요. 친구들과 같은 상태가 아니라면, 자기한테 문제가 있다고 느낄 수도 있습니다. 그 반대라면 자신의 행위를 정당화하겠지요. 이런 생각들이 계속되면, 아이들의 행동에 대한 고착된 개념이 생길 것입니다.

하지만 우리의 마음은 훨씬 더 복잡하고 흥미롭습니다. 연구에 따르면, 청소년들은 자신의 행동을 기준으로 친구들의 행동을 판단한다고 합니다.

청소년들이 친구들의 약물사용에 대해 이야기할 때 보면, 자신의 경우에 비추어 이야기합니다. 친구들도 약물을 사용한다고 생각하면서 말이지요. 마찬가지로 약물을 하지 않는 아이들은 친구들도 사용하지 않는다고 일관성 있게 생각합니다.[4]

이런 현상을 합의성 착각효과라고 부릅니다. 다른 사람들도 똑같은 이유로 같은 행동을 할 것이라는 잘못된 믿음이지요.

개인적인 고정관념을 스스로 찾도록 도와주는 것 이외에도, 상업적인 방식을 사용할 수도 있지요. 광고는 우리의 생각을 왜곡하는 대표적인 예입니다. 최신 청바지를 100달러에서 80달러로 할인하는 것이 그냥 80달러라고 하는 것보다 훨씬 유혹적이지요. 우리의 관심은 실제 가격이 아니라 할인에 쏠리게 됩니다. 할인을 받으면 뇌의 보상중추를 자극하지요. 청소년기에는 정말로 강력한 행동명령이 됩니다.

광고에서 하는 것처럼 편향성을 성공적으로 활용할 수 있습니다. 아이에게 한 달 용돈으로 50달러를 주면, 적다고 투덜대겠지요. 그러니 일단은 35달러만 주면 어떨까요? 협상을 위한 닻내림 지점이 생깁니다. 50달러에 가까워질수록 보상이 커지겠지요. 귀가시간이나, TV 시청시간도 마찬가지입니다. 처음부터 조작된 것이지만, 허용되는 시간이 증가하면 청소년기 아이에게는 심리적인 홀인원이 됩니다. 주중 귀가시간이 밤 10시인데, 주말에 11시로 하는 것은 큰 이득처럼 보이지 않지요. 하지만 주중에는 밤 9시, 주말은 밤 12시라고 하면 더 매력적으로 들릴 수도 있습니다. 일주일 동안 외출하는 전체시간은 감소하더라도 말이지요.

닻내림 효과와 마찬가지로, 다른 사람들의 생각에서 확증편향을 찾아내는 것은 쉽습니다. 다음 질문에 대해 생각해 보세요. 서로 다른 종교를 믿는 두 사람이 자신들의 종교의 장점에 대해 논쟁하고 있습니다. 둘 중 한 사람이 그 논쟁의 승리자가 될 수 있을까요? 그들은 각자의 종교에 대해 잘 알 것이고, 자신들의 종교적인 신념을 반박하는 사실들보다는 뒷받침하는 사실들을 더 많이 수집하겠지요. 그러니 논쟁을 하면 할수록 자기 자신의 신념을 위한 사실에 더 몰두하고, 상대방의 종교를 깎아내리는 내용에 집중합니다. 자신의 주장을 더 강화하는 것이지요. 논쟁을 할수록 더욱 전문가가 되어갑니다. 이런 현상을 태도의 양극화라고 하지요. 종교적 극단주의처럼 사고 방식이 폐쇄적일 때 특히 다루기 어렵습니다. 확증편향은 자신의 주장을 뒷받침하는 사실들만 선택하게 합니다. 반면에 비판적 사고를 하는 사람은 자신의 생각을 반박하는 정보를 경청할 뿐만 아니라, 실제로 그런 정보를 찾아냅니다.

학교에서 교사들은 분명하고 명백한 사실들을 다룹니다. 엄마, 아빠는 정답이 없는 모호한 것들에 대해 아이들과 이야기해야 하지요. 아이들에게 생각하는 방법을 보여주어야 할 뿐만 아니라, 그렇게 할 수 있다는 확신을 심어주어야 합니다. 비판적 사고는 대부분 우리가 어떻게 정보에 대해 생각하고, 행동해야 하는가를 통해 이루어집니다. 우리가 무엇을 가르치는가를 통해서가 아닙니다.

아이들이 하는 질문을 열린 마음으로 받아들일 수 있나요? 아니면, 그렇게 하는 것은 부모로서의 나약함을 보여주는 것일까요? 예를 들어 미국에서 총기난사 사건이 발생하면 총기를 소유할 것인가, 말 것인가에 관한 입장을 즉각적으로 선택할 수 있나요? 아니면, 총기 찬성과 반대 수준 그 이상으로 그 문제에 대해 아이들과 생각하고 토의할 수 있나요? 여러분은 영국이 유럽 연합에서 탈퇴하는 것을 지지하나요? 브렉시트Brexit의 경제적 영향에 대해 진지하게 생각해 본 적이 있나요? 여러분의 견해가 토의의 대부분을 차지하나요? 아니면 주고받는 식으로 균형된 토의를 진행하나요?

"엄마, 이 사람들은 왜 이런 일을 저지르는 거지요? 왜 테러리스트가 존재하지요?" 이 질문은 저와 제 아이가 파리에서 비극적인 테러가 터졌을 때 주말 내내 토의했던 질문입니다. 그날 뉴스의 일부를 인용하면서 시작했습니다. 존 케리가 한 말이지요. "그들은 사이코패스 괴물들입니다." 그들은 나쁜 사람들이고, 사이코패스적인 경향성을 지닌 만성적인 정신병을 앓고 있다는 뉴스기사가 넘쳐나지요.

저는 테러리즘이나 정치 혹은 종교에 관한 전문가가 아닙니다. 그렇지만 그게 진정으로 제 설명의 전부라면, 아이는 호기심과 비판적인 이성을 발달시키지 못하겠지요. 우리는 테러리즘에 대하여 '무기력해서는 안 된다'는 생각을 가질 수 없게 됩니다. 바로 옆집에서 발생하는 폭력에 대해서도 마찬가지입니다. 아이들은 외부자극에 의해 쉽게 영향을 받습니다. 어떻게 해야 설명하기 힘든 사실에 대해 아이들과 함께 탐구할 수 있을까요? 감정이 많이 개입되는 주제들은 인지적 오류가 많이 내재되어 있기 쉽습니다. 아이들에게 테러리스트가 사이코패스 괴물들이라고 말하는 것은 훨씬 더 큰 두려움을 낳고, 아이들이 나쁜 사람들에 대해 무기력하게 만들 것입니다. 대신에 그 사건에는 원인이 있고, 그러므로 해결할 수 있다는 것을 보여준다면 반대의 효과가 있겠지요.

어떤 주제에 대해 확증편향을 피하기 위해서, 비판적 사고를 하는 사람은 결정을 내리기 전에 자신의 생각이 옳다고 증명하는 증거와 틀

렸음을 증명하는 증거를 함께 수집합니다. 인터넷으로 조금만 검색해 보면, ISIS Islamic State 운동과 그들의 신념 및 이론들을 알아낼 수 있습니다. 그들의 정치선전은 그들이 반드시 따라야 하는 행동의 원칙이 있다는 것을 드러냅니다. 테러리스트들에게 어떤 이유와 계획이 있다는 사실은 대량학살 조직에 대한 두려움을 제거합니다.

저자의 노트

• • •

아이와 테러리즘에 대해 토의하는 것은 아주 중요합니다. 성sex에 관한 이야기보다 더 까다로울지도 모릅니다. 성에 관한 주제와 다르게, 대부분의 부모들은 테러리스트에 대한 개인적인 견해를 공유하는 것 이외에는 말하지 않는 편입니다. 개인적 견해는 민족적 배경, 정치와 종교적 믿음과 다른 인종적 그룹에 대한 관용 등에 의해 형성됩니다. 무엇보다도 우리 대부분은 범죄자나 테러리스트의 동기를 이해하기 위해 시간을 보내고 싶어하지 않습니다. 자신의 견해를 전달하는 것 이상을 원하는 부모들을 위해, 이 장의 마지막에 허핑턴 포스트The Huffington Post에 실었던 글을 추가하였습니다. '테러리즘에 관한 이야기'에 대한 부담을 줄일 수 있기를 바랍니다.

좋은 의사결정자의 7가지 습관

비판적 사고 프로그램은 생각의 오류들에 어떤 특성이 있는지를 탐구하고 이해하는 것입니다. 우리 자신의 실패에 대해 탐구하고 배우고자 할 때 편견에 대해 알아보는 것은 상당한 통찰력과 재미를 줄 수도 있습니다. 우리는 나쁜 결정과 정신적인 실수를 한 경험이 있습니다. 아이들은 아직 그런 경험이 많지 않습니다. 과거의 경험으로 시작할 수 없다면, 어린아이들에게 무엇을 가르쳐줄 수 있을까요?

나이와 관계없이 좋은 의사결정은 언제나 좋은 정보에서 나옵니다. 여섯 살 정도 된 아이들과 의사결정에 대한 훈련을 시작하려면 의사결정을 잘하는 사람들의 일곱 가지 습관을 통해 서서히 진행하는 게 좋습니다. 어릴 때부터 정보처리를 잘하는 습관을 기르는 것은 하루에 양치질을 두 번하는 것만큼 중요합니다. 열 살 정도 되면 기본적인 정신 편향성들을 다루기 시작합니다.

▎ 첫 번째 습관: 정보의 질을 생각한다

일곱 살 된 수지가 집으로 달려와서 새로 사귄 친구의 삼촌이 엘리자베스 2세 여왕의 남동생이라고 말합니다. 이 때 몇 가지 질문으로 그 정보에 대해 평가할 수 있도록 해야 합니다.

Q: 그건 어떻게 알았니?

A: 제임스가 말해 줬어요. 새 친구예요.

Q: 제임스는 어떻게 알았을까?

A: 그건 몰라요.

Q: 제임스가 그냥 잘 보이고 싶어서 그런 게 아닐까?

A: 그럴지도요.

Q: 여왕님에게 남동생이 있는지 알아볼까?

물론 엘리자베스 2세 여왕은 여동생 하나만 있으니, 제임스가 거짓말 하는 거라고 말해주는 게 훨씬 빠를 겁니다. 하지만 수지는 스스로 정보를 평가하는 것을 배우지 못하겠지요. 그러니 이런 흥미진진한 뉴스를 접하면 아이에게 확인해야 할 질문을 생각하도록 하는 게 더 좋습니다.

몇 년이 지나면 수지는 인터넷이라고 하는 지식의 보고에 접속할 수 있겠지요. 구글은 정보의 맥도날드 같습니다. 잘 가공해서 양념까지 한 슈퍼사이즈 데이터들을 제공하지요. 점심으로 프라이드 치킨과 포테이토 칩을 먹을지, 채소 가득한 샌드위치를 먹을지 고르듯이 우리는 정보를 소비합니다. 접근이 빠르고 쉽게 구할 수 있는 정보를 검증없이 받아들이면, 실망스러운 결정을 하기 쉽지요. 좋은 정보를 수집하는 데에는 시간과 노력이 듭니다. 건강하고 균형 잡힌 식사를 준비하는 것처럼요. 다른 방법이 없습니다.

어릴 때부터 여러 질문을 이용해서 건전하게 의심하는 태도를 발달시키면 아이의 사고력은 확장되고, 아이는 건강한 정보선택 능력을 갖게 되지요. 검증하기 어려운 정보가 아이들에게 주어지면, "그건 어떻게 알았지?"라고 질문해 보세요. 정보의 출처가 믿을 만한지를 의심하고, 그 정보 뒤에 숨은 의도에 대해 생각하게 됩니다. 독립적인 출처를 이용하여 정보를 검증하는 것은 중요한 능력입니다. 독립적인 정보출처란 페이스북이나, 위키피디아 혹은 그런 것들에 대해 아는 사람을 말하는 것이 아닙니다. 예를 들면 정보의 주요 출처를 찾기 위해 위키피디아 기사의 맨 아래에 제공된 참고문헌 등을 확인해 보는 거지요.

이런 식으로 역사 수업을 진행한다면, 사실에 대한 다양한 이야기와 관점을 발견할 수 있습니다. 현재와 미래에 초점을 맞추고 아이들이 결론을 내릴 수 있게 도와야 합니다. 정보에 대한 해석들과 프레임을 검증하고, 데이터의 출처를 확인하게 하는 거지요. 할 수 있는 만큼만 말입니다. 아이를 생각하는 사람으로 키우려면, '내가 그렇게 말했으니까.'라는 표현은 여러분의 사전에서 영원히 사라져야 합니다.

▌ 두 번째 습관: 정보가 어떻게 포장되고 제시되는지 이해한다

소크라테스는 모든 정보는 개인의 관점 및 판단과 이해를 지배하는 준거의 틀 안에서 발생하고, 모든 사유는 어떤 목표로부터 비롯된다고 주장했습니다. 기원전 399년, 이 위대한 철학자는 질문이라는 수단을 이용해 아테네 젊은이들을 타락시켰다는 이유로 처형되었습니다. 오늘날 우리는 이런 추론에 대한 기본적인 진실을 알고 있습니다. 우리에게 제시되는 모든 정보는 다른 누군가의 프레임을 통해 가공됐을 가능성이 높습니다. 그럼 프레임이란 무엇일까요?

아래 숫자들을 보세요. 1에서 10까지 숫자들입니다. 숫자들 안에는 어떤 연속성이 숨어 있습니다. 여러분이 숫자를 잘 다룬다면 쉽게 답을 찾을 수도 있습니다.

8 – 5 – 4 – 9 – 1 – 7 – 6 – 10 – 3 – 2

알아냈나요? 대부분 사람들이 어려워하거나, 모르겠다고 합니다. 힌트를 드리자면, 매일 사용하는 흔한 숫자배열입니다. 도움이 되었나요? 답이 준비되었으면, 잠시 후에 보지요. 이 문제는 숫자로 제시되었습니다. 그러니 여러분이 숫자로 생각하게 만들지요. 사실 많은 사람들이 이 문제에서 숫자만 생각하고, 계산기나 스마트폰을 급히 꺼내 들어 뭔가를 하지요. 결국에는 아무 소용이 없습니다. 제가 '숫자를 잘 다루는' 사람들은 쉽게 해결할 수 있다고 말함으로써 숫자에 대한 생각이 더 강화되었지요. 사실 이 숫자들은 1one부터 10ten까지의 영어 스펠링을 영어사전식 알파벳 순서로 나열하고 다시 숫자로 표기한 것입니다.(eight, five, four, nine 등의 순– 편집자 주) 여러분이 숫자의 프레임에 갇혀 있었다면 알파벳 순서라는 것을 알기 어려웠을 겁니다. 이제 보이나요?

문제가 제시 혹은 프레임되는 방식은 우리가 정보를 처리하는 방식에 영향을 줍니다.

늦여름에 런던의 어느 동네로 이사했습니다. 제 아이는 새로 사귄 친구들과 매일 놀면서 아이스크림 트럭이 주중 오후 4시 45분에 온다는 것을 알게 되었지요. 콘 하나에 2파운드였습니다. 한 달치 용돈을 일주일 동안 아이스크림 사 먹는데 다 써 버렸지요. 돈이 다 떨어지자, 아이는 용돈을 더 달라고 했습니다. "하지만, 엄마. 이 아저씨는 아주 착한 사람이에요. 우리 골목에 오면 항상 아이스크림을 먹고 싶은지 물어봐요. 다른 동네에는 가지 않는대요. 이 골목에 우리를 위해서 매일 오는 거예요. 우리가 아저씨를 도와줘야 해요."라고 하면서요.

두말할 필요없이, 이 남자의 동기에 대해 아이와 간단한 대화를 나누었습니다. 왜 이 아저씨는 집에 가는 길에 우리가 사는 골목으로 오는 것이 가능한지에 대해 물었지요. 아홉 살 먹은 아이는 사람들의 말과 행동이 항상 어떤 상황에 의해 프레임된다는 것을 이해하기 시작했습니다. 그 상황이라는 것은 어떤 동기에 의해 발생한다는 것과 그 동기는 선할 수도 있고 그렇지 않을 수도 있다는 것도요. 몇 년의 시간이 더 흘러, 아이는 스스로 다른 사람들의 프레임과 동기를 평가합니다. 그 프레임으로 어떤 결과가 발생하는지 알게 되지요. 프레임을 제대로 검증하고 평가하는 것이 중요합니다.

▮ 세 번째 습관: 사실, 판단, 주장, 의견이 무엇인지 분명히 한다

싱가포르에서 작별 파티를 하는 중에 투자자 친구가 "모두 중국 주식을 팔아치우고 있어."라고 말했습니다. 모두? 팔아치운다고? 모두 팔면, 누가 사고 있다는 거지? 주식시장은 믿음의 비대칭에 의해 작동합니다. 누군가는 매도하려 하고, 다른 누군가는 보유하려고 하지요.

그래서 서로 거래가 됩니다. 주식시장이 붕괴하거나 조정을 받기도 하고, 매수자가 매도자보다 많으면, 또 주가에 반영되지요. 제 친구의 말은 사실이나 판단이 아니라, 시장의 흐름이나 관찰에서 추정한 의견일 수도 있습니다. 우리 자신의 의견을 믿는 것은 괜찮습니다. 자기기만은 가장 오래된 생존전략 중 하나이고, 의사결정론에서도 흥미로운 주제입니다. 그러나 의견들을 해석한 사실이 아니라, 의견에만 근거하여 중요한 결정을 내릴 때에는 신중해야 합니다.

아이들은 과장된 의견을 좋아합니다. '모두'가 나를 괴롭히고 있다, '아무도' 나를 좋아하지 않는다 등의 말을 종종 듣습니다. 질문 몇 개만 하면, 아이의 생각을 정상궤도로 되돌릴 수 있지요. 예를 들면, "그래? 모두가 그랬다고? 너를 괴롭히지 않은 사람이 한 사람도 없었다고? 타일라 Tayla가 너를 괴롭혔니? 로히니 Lohini가 그랬니?" 아이는 모두가 그런 거는 아니라는 것을 인정할 겁니다. 자신에게 친절하지 않았던 아이 한두 명으로 좁혀집니다.

⋮ 네 번째 습관: 어떻게 결정할 것인가를 먼저 결정한다

스미글 Smiggle은 문구류와 장난감을 판매하는 호주의 유통회사입니다. 유행을 선도하는 제품들이 아시아의 어린아이들과 중학생들 사이에서 큰 인기를 누리고 있지요. 작은 남자아이가 엄마와 함께 매장에 온 것을 보았습니다. 10분쯤 지나자, 다섯 살 정도 된 꼬마는 장난감이 쌓인 벽 앞에서 미친듯이 왔다 갔다 하면서 거의 울기 직전이었습니다. 아이 엄마는 무엇을 사고 싶은지 결정하지 못하는 아이가 불만이었던 같습니다. 당장 고르지 않으면 가게를 나갈 거라고 아이에게 윽박질렀습니다. 엄마의 말을 듣자, 아이는 울음을 터뜨리며 스파이더 지갑을 동물 모양 지우개가 전시된 선반에 던져버렸습니다. 자신이 사려고 했던 '어떤 특별한 것'에 대한 모든 흥미를 잃어버렸지요. 어떻게 결정해야 할지 몰랐기 때문에 벌어진 일이지요.

아이 엄마는 아이를 몰아세우는 것 대신에 아이가 스스로 결정하게 도울 수 있지 않았을까요?

> 결정할 수 있다는 것보다 더 어려운 것은 없다. 그래서 그보다 더 귀중한 것도 없다.
> ● 나폴레옹 보나파르트(Napoleon Bonaparte)

여러분은 메타 결정이 무엇인지 아시나요?

간단히 말하면, 정보를 수집하고, 결정하거나 어떤 문제를 해결하기 전에 어떻게 결정할 것인가를 결정하는 행위입니다. 여러분이 정확한 문제를 해결하고 있는지 먼저 체크하면서 시작합니다. 그리고 문제를 어떻게 해결할 것인지 여러분에게 묻는 거지요. 어떤 도구, 시간, 정보, 자원, 판단 기준을 사용할 것인지를 정해야겠지요. 소규모 프로젝트 계획안 같지요? 메타 결정은 훌륭한 의사결정과정에서 가장 첫 단계를 형성합니다. 메타 결정은 힘든 사항을 예상하거나, 가장 적합한 도구를 사용하거나, 모든 팀원들이 합심하게 하는 것을 도와주지요. 이 모든 것이 의사결정과정의 속도를 높이고 개선합니다.

아인슈타인이 다음과 같이 말했다고 널리 알려져 있습니다. '세상을 구하기 위해 딱 1시간이 주어진다면, 55분을 문제에 대한 정의를 내리는데 쓰고, 5분 동안 해결책을 찾을 것이다.' 이 위대한 과학자 자신이 이렇게 말했기를 바라지만, 이 말은 1966년에 출판된 논문집에 근거한 잘못된 인용으로 보입니다. 그 당시 예일대학교 공학과장이 다음과 같이 말한 것이 실렸습니다[1]. "어떤 문제를 풀기 위해 딱 1시간이 있다면, 주어진 시간의 3분의 2는 문제가 무엇인지를 정의하는데 쓰겠다." 이런 오류에 대해 저는 실제 출처를 찾는 것보다 잘못된 인용을 하는 것이 더 용이하고, 아인슈타인이 했다고 하면 더 멋있어 보이고, 어느 누구도 인용문을 검증하려 애쓰지 않았기 때문이라고 생각합니다. 특히 헝크러진 머리로 미소짓는 상징적인 사진과 함께 인용되면 더 그렇겠지요. 물론 훌륭한 의사결정자들이나 문제해결자들은 해결책보다 문제에 대해 더 생각하는 것이 얼마나 중요한지 잘 알고 있습니다.

의사결정 순환고리의 한쪽 끝에는 스미글 매장의 그 꼬마 같은 사람들이 있습니다. 선택할 것들은 주어졌는데, 어떤 것으로 할지 결정할 수 없는 사람들이지요. 결정을 위한 판단의 틀이나, 선택에 대한 판단의 기준이 없기 때문에 못하는 것입니다. 다른 한 쪽 끝에는, 사전 준비 없이 바로 문제해결을 위해 뛰어들거나 결정을 내리려는 사람들이 존재합니다. 주어진 선택사항들을 철저히 탐구하거나 문제 자체를 잘 이해하지 않고 말입니다. 이런 특징들은 위험요소와 불확실에 대한 관대함과 깊이 관련있습니다.

어떻게 문제를 해결할지에 대한 고민없이 급한 문제를 해결하기 위해 바로 뛰어드는 사람들을 자주 봐 왔습니다. 수업 중에 노련한 경영자들에게 계란을 2미터 높이에서 바닥으로 안전하게 착지시킬 수 있는 도구를 고안할 것을 요청하면, 그들 중 90퍼센트는 낙하산 같은 장치가 필요하다고 생각합니다.

놀랍게도 대부분은 제공된 재료들을 가지고 문제해결에 착수합니다. 계획이나 모형을 만드는 것을 고려한다거나, 앞서 성공했던 방법들을 찾지 않습니다. 제공된 재료만을 사용해야 하는지 아무도 묻지 않지요. 다른 식으로 문제를 해결하려는 시도도 하지 않습니다. 예를 들면, 떨어지는 계란을 안전하게 받을 푹신한 착지면을 만드는 것과 같은 방법이죠. 회의실 의자와 제공된 봉지들을 이용하여 트램펄린같은 것을 만들 수도 있지요. 티셔츠 각 끝을 의자의 사방에 연결해서 묶는 거지요. 계란이 착지할 때 충격을 흡수할 수 있지 않을까요. 전 세계에서 온 참여자들과 6년간 이 시험을 진행하면서 이런 해결책은 한번도 나오지 않았습니다. '계란을 깨지지 않게 착지시키는 법'을 구글에 검색하면 유튜브 비디오도 나오는데 말입니다. 그러나 제가 가장 놀랐던 것은 그것 때문이 아닙니다. 전문적인 의사결정자인 최고경영자들조차도 결정을 위한 사고의 틀이나 전략을 갖고 있지 않다는 것입니다. 우리 아이들처럼 제대로 생각도 하지 않고 덜컥 시작하고, 바쁘게 해결책을 찾으려 한다는 거지요.

루소와 슈메이커는 그들의 저서 《이기는 결정 Winning Decisions》[2])에서 아마추어 의사결정자들은 문제해결을 위한 시간의 대부분(75퍼센트)을 정보를 수집하고 결론을 내는데 허비한다고 지적합니다. 프레임을 이해하고, 어떻게 결정할 것인지에 대해 고민하고, 경험으로부터 학습하는 것 등은 충분히 하지 않습니다. 또한, 잘 구성된 메타 결정은 문제해결을 위한 시간과 비용을 절약할 수 있다고 말합니다.

아이가 잠시 멈추어 서서 문제해결을 위해 가장 좋은 방법을 생각하지 않고 성급하게 뛰어든다면, 어떻게 결정할 것인지를 정하는 것에 대한 개념을 쉬운 방식으로 가르쳐주는 게 좋습니다. 아이가 결정하지 못하거나 시작하지 못하는 반대의 경우에도 도움이 될 것입니다.

▶ 1단계: 내가 해결하고자 하는 실제 문제 혹은 내려야하는 결정이 무엇인가?

요즘 이웃 아이들을 학교에 태워다 주고는 합니다. 차 안에서 장차 어른이 되면 무엇을 하고 싶은지 물어봤습니다.

열 살인 친구1은 물리학자가 되고 싶다고 말했습니다.

아홉 살인 친구2는 엔지니어링 사업을 하고 싶다고 합니다.

몇 가지 질문을 더 해 봤습니다. 친구1은 구체적으로 입자 물리학자가 되고 싶어합니다. 과학이 재미있고, 어른이 되었을 때 즐겁게 살고 싶다고 합니다. 과학을 좋아하는 이 아이는 원자에 대해 이미 많이 알고 있습니다. 반면 친구2는 어떤 종류의 엔지니어가 되고 싶은지 구체적으로 말하지 못합니다. 하지만 엔지니어가 물건을 설계하고 만든다는 것은 알고 있습니다. 사장이 되고 싶지만, 무언가를 만드는 게 자기가 하고 싶은 일이라고 합니다. 실제로 이 아이는 레고 블록 조립을 아주 잘합니다. 제 생각에 친구1은 틀린 문제를 풀고 있는 것 같습니다. 그가 자신에게 해야 할 질문은 "내가 할 수 있는 과학적이고 재미있는 것이 무엇인가?"입니다. 〈호기심 해결사 Mythbusters〉 같은 TV쇼를 하면 어떨지 물었는데, 아빠가 좋아할지 모르겠다고 합니다.

▶▶ 2단계: 해결할 문제의 핵심을 알았으면, 메타 결정의 다음 단계로 진행한다.

- 이 문제를 해결하기 위해 필요한 자원은 무엇인가?(도구, 다른 사람들, 정보 등)
- 이 문제를 해결하기 위해 얼마나 많은 시간을 쓸 수 있나?
- 결정을 내렸거나 문제를 해결했을 때 어떻게 알 수 있나?
- 나 자신 혹은 내가 아는 다른 누군가가 이전에 비슷한 문제를 겪은 적이 있나? 과거에 어떻게 문제를 해결했나? 그 경험으로부터 무엇을 배웠나?

스미글 매장에 꼬마는 아직도 서 있습니다. 힘들게 모은 동전들을 엄마로부터 지키고 있지요. 엄마는 아이를 어떻게 도울 수 있을까요?

꼬마는 분명히 그 돈으로 무언가를 사고 싶습니다. 엄마는 아이가 가지고 놀 것을 사고 싶은지 그림도구를 원하는지 결정하도록 도와주면서 시작해야겠지요. 그리고 나서 동전 세는 것을 도와주고, 그 돈으로 살 수 있는 것들을 찾게 합니다. 색깔은 어떻게 해야 할까요? 분홍색과 보라색을 제외하면, 파란색, 녹색, 주황색이 남네요. 녹색이 가장 좋아하는 색이라면 선택할 물건들이 몇 개로 압축됩니다. 이제 결정의 순간입니다. 엄마는 아이에게 지난 번에 스미글 매장에서 구매한 장난감에 대해 물어볼 수 있지요. 얼마나 썼는지, 얼마나 많이 가지고 놀았는지 묻습니다. 그러고 나서 아이가 좀 더 확실한 선택을 하게 합니다. 신속한 결정을 위해 아이를 압박하면, 좋지 못한 결정을 하게 되고 아주 좋은 학습기회를 놓치게 됩니다. 좌절의 순간은 순금과 같고, 어떻게 활용할지는 우리의 결정입니다.

▐ 다섯 번째 습관: 설득력있는 이야기로 위험요소를 이해시킨다.

아흐메드 모하메드[3]는 텍사스 어빙에 있는 학교에 새로 전학온 무슬림 학생입니다. 약간 내성적인 아흐메드는 어떻게 적응하고 친구들을 사귀어야 할지 고민했습니다. 열네 살 아이에게는 아주 중요한 문제이지요. 이전에 다니던 학교에서 아흐메드는 낡은 물건으로 재미있는 물건을 만들어내는 멋진 아이로 통했습니다. 새로운 학교에서도 똑같은 전략을 시도했습니다. 특별한 준비없이 시계를 조립했습니다. 예쁜 시계는 아니었지만, 선생님한테 멋진 인상을 남길 수는 있을 거라고 생각했지요. 그런데 선생님의 칭찬과 과학과목에서 보너스 점수를 받는 것 대신, 아흐메드는 학교에서 정학처분을 받았습니다. 그리고는 체포되어 시내 경찰서에 구금되었지요. 왜 그런 걸까요? 아흐메드가 만든 시계는 폭탄이 아닌 것으로 판명되었습니다. 학교는 어떤 협박도 받지 않았으며 선생님은 뭔가 잘못된 거라고 주장했습니다. 메이필드의 경우처럼 이 사건은 현대사회가 직면한 문제들과 두려움에 대해 시사하는 바가 있습니다. 또한 우리 아이들이 살아갈 환경에 대해서도 이야기하고 있지요.

우리 아이들은 각종 규제와 법으로 보호받으며 자라는 세대입니다. 위험으로부터 더 보호받는다는 것은 위험을 감수해야 할 상황에 덜 노출되는 것을 뜻합니다. 우리는 아마도 언제 위험한지, 왜 위험한지 아이들에게 이야기하겠지요. 내재된 위험이나 부정적인 결과에 대해서는 잘 이야기하지 않습니다. 걱정마세요. 아이들을 방임하라는 말이 아닙니다. 하지만 생각하는 아이로 키우기 위해서는 위험요소에 대해 이해하고, 위험에 대해 생각하고 말해야 하는 것은 성장과정의 일부입니다.

많은 기업들이 위기에 관한 모든 것들을 위기 관리 담당자와 보험회사, 계산기만 두드리는 고학력자들에게 맡겨두고는 합니다. 불행히도 이런 행위 자체가 사업에 위험한 일입니다. 의사결정자가 경험하지 못한 위험을 해결하기 위한 전략을 갖고 있지 않을 경우, 생각하지 못한 상황에서 무방비로 공격당하게 됩니다. 2007년과 2008년 전 세계 금융시장을 휩쓴 서브프라임 사태는 사고의 부재에 의한 재앙이었지요. 정치인들과 정부 모두 그런 결과가 일어날 것이라고 상상하지 못했고, 나중에 그 사실을 인정했습니다. 그들의 위험관리 체계는 전 세계적인 구조적 결함과 은행예금이 일시에 빠져나가는 뱅크런 사태의 가능성을 눈치채지 못했습니다. 그런 극단적인 금융재앙을 상상할 수도, 상상해 본 적도 없는 사람들이 위험관리 시스템을 설계했기 때문입니다.

> 개별 금융 섹터의 문제들은 잘 식별된다. 하지만 전 세계적인 결함을 생각하지
> 못했다는 것은 아무도 이 사태를 예상하지 못했다는 뜻이다. 잠시 멈추고, '~라
> 면 어떻게 될까?'라고 생각해 본 사람이 없었다.
> ● 마이클 쿠건(Michael Coogan), 담보 대출 기관 이사회 사무총장

모든 결정은 위험을 수반합니다. 더 중요한 결정일수록, 더 큰 위험이 수반되기도 합니다. 그에 따른 보상도 크지요. 위험에 대한 평가와 관리 도구는 프로그램을 설계하고 해석하는 사람들이 능력이 있을 때만 유용합니다. 정책에 의한 주택시장의 거품, 주식시장 붕괴, 뱅크런, 기업 부도 등은 복잡하고 위험한 정치, 경제, 사회적 환경에 의해 만들어진 패키지 상품입니다. 이런 극단적인 사태를 유발하는 위험요소들은 결정을 하거나 정책을 세울 때, 아무도 주의를 기울이지 않거나 예상하지 못했던 위험들이지요. 무엇을 모르는지 안다는 것은 아주 어렵지만, 대안적인 미래상황을 상상하는 능력은 점점 더 중요해지고 있습니다.

아이들이 마주하게 될 위험요소들에 대해 잘 알고 있습니다. 하지만 일어날지도 모를 위험에 대해 고려할 수 있는 마땅한 전략이 없을 수도 있습니다. 경영훈련 프로그램에서 사용되는 전략 중 하나는 우리가 아이들에게 자연스럽게 하는 행위입니다. 바로 이야기를 해 주거나, 이야기를 만드는 활동입니다.

가장 발생하지 않을 것 같았던 시나리오가 결국에는 가장 큰 충격을

준다는 것을 많이 봐 왔습니다. 어떤 결정이나 행위에 내재된 위험들을 이해하려고 한다면, 가장 불가능할 것 같은 시나리오를 만들어 보게 하세요. 자신들의 시나리오를 풍부하게 하기 위해 실제 혹은 가상의 인물들을 더하여 이야기를 만들어 내기도 합니다.

아흐메드 모하메드는 자신이 텍사스에 살고 있는 무슬림이라는 사실을 잘 알고 있지요. 열네 살에 아흐메드는 슬프게도 이런 사실에 의한 편견을 많이 경험했습니다. 학교에서 할 수 있는 다양한 것들이 있습니다. 메타 결정 과정을 잘 이해하고 있었다면, 해결하고자 하는 문제가 무엇인지 스스로에게 물어볼 수 있었겠지요. 선생님과 학교 친구들에게 좋은 인상 남기기, 사람들에게 주목받기 등이 있지요. 좀 더 나쁘게 생각한다면 신문에 보도되거나 학교의 인종차별이나 관용을 시험해 보기 등도 있을 수 있지요. 어떤 것을 선택하느냐에 따라 아주 다른 결과를 만들어내지요. 상자 안에 똑딱거리는 시계는 이런 이야기에 쉽게 삽입될 수 있습니다. 가장 극단적인 결말은 현실에서 실제로 발생하기도 합니다. 아흐메드의 부모는 아이가 그런 충격적인 경험을 겪지 않아도 되는 물건을 만들어서 원하는 바를 달성하게 도와줄 수 있었을 겁니다. 의도하지 않았더라도 이런 위험은 감수할 가치가 없지요.

우리 아이들은 페이스북에서 모르는 사람과 친구맺기, 부모에게 말하지 않고 몰래 파티에 가기, 매달 받는 용돈을 하나도 남기지 않고 다 써버리기 등등 많은 위험요소들과 마주할 겁니다. 우리는 아이들이 인생을 두려워하지 말고 자신들에게 주어진 많은 선택과 결과를 잘 이해하기를 바랍니다.

⦙ 여섯 번째 습관: 결정을 내리기 전에 감정이 사고과정에 미치는 결과를 진단한다.

슬프게 만드는 호르몬이 사고를 촉진시킨다는 것을 알고 있나요? 그리고 기쁨을 주는 호르몬이 화나게 하는 호르몬과 마찬가지로 위험 욕구를 증가시킨다는 것도 알고 있나요? 감정은 오감을 통해 받아들이는 정보에 대응하여 생성되는 호르몬이나 생물학적 반응에 의한 결과입니다. 우리는 감정이 생각에 미치는 영향을 제거할 수 없답니다. 하지만 중요한 결정을 내릴 때, 감정을 인식하고 정신상태에 미치는 영향을 조절할 수는 있습니다. 예를 들면 피로함, 좌절, 실망, 짜증, 성공 뒤 기쁨 등이지요. 이런 감정들은 우리가 정보를 처리하고 프레임하는 방법에 영향을 줍니다. 감정을 다루는 것은 생각하는 아이로 키우는데 아주 중요한 요소입니다. 감정이 사고력과 의사결정에 어떻게 영향을 주는지 다음 장에서 알아보겠습니다. 어떻게 하면 자기 자신의 감정상태뿐만 아니라, 감정이 행동에 미치는 영향까지도 생각할 수 있는지 살펴볼 예정입니다.

⦙ 일곱 번째 습관: 자기 자신의 결정에 대해 판단한다. 결과가 아닌 과정을 평가한다.

결정에 대한 기본적인 전제는 좋은 결정은 천재성에 의해 갑자기 튀어나오는 우연한 영감이 아니라는 겁니다. 오히려 의도적이거나 무의식적인 사고과정의 결과입니다. 성공과 실패, 그리고 그런 경험들로부터 학습한 정보를 개인적으로 처리하는 과정이 있어야 합니다.

여러분의 의사결정 과정은 자신의 문제해결법을 반성하고 개선할 수 있나요? 저는 의사결정 과정은 이런 것이다라고 말하지 않습니다. 하지만 건강하고 공통적인 내용들을 정리해 보겠습니다.

- 메타 결정
- 정보가 어떻게 프레임되는지에 대한 이해
- 관련된 사람들의 동기, 정신적 오류와 편견에 대한 점검
- 강한 감정의 결과에 대한 대응
- 철저한 시나리오 분석 혹은 현실에서의 검증

아이가 너무 어려서 자신의 생각에 대해 생각하는 과정을 받아들일 수 없다면, 그냥 잠깐 '멈추고', '생각하라'고 격려해 주세요. '아껴 쓰고 나눠 쓰고, 바꿔 쓰고 다시 쓰자(아나바다)' 캠페인 구호처럼 '멈추고, 생각하자'라고 하면 쉽게 기억할 겁니다.

소크라테스식 문답법으로 생각하기

몇 주 전에, 영국의 서리Surrey 지역에 있는 학교의 철학 시간에 아홉 살이나 열 살 정도 된 아이들을 상대로 수업을 한 적이 있습니다. 소

크라테스와 소크라테스식 문답법에 대해 이야기하려고 했지요. 시험보다는 지식에 더 초점을 맞추는 것으로 유명한 프리미엄 사립학교였기 때문에, 소크라테스식의 질문은 이미 잘 알고 있을 거라고 생각했습니다.

의외로 아이들이 비판적 사고를 위한 틀이 갖추어지지 않아서 놀랐습니다. 사실은 정보에 대한 생각도 못하고 있었습니다. 질문에 대해 질문한다는 개념은 아주 이질적인 것이었습니다. 제가 제시한 모든 질문에 대해 많은 대답과 의견을 내놓았습니다. 아이들의 반응은 아주 빨랐습니다. 질문에 대한 답은 바로 나와야 한다는 것만 아는 것 같았지요. 질문 다음에 또 질문이 이어지면 어떨까요?

소크라테스의 문답법을 소개하고자 합니다. 비판적 사고를 배우는 모든 사람들에게는 환영 인사처럼 사용되고 있습니다. 체계적인 질문법으로써 사실과 믿음을 분리하고, 깊은 사고를 자극하고, 호기심과 지식에 관한 겸손함을 이끌어내는 것을 목표로 합니다. 진정한 호기심의 태도를 가지고 어떤 질문에 또 다른 질문으로 답합니다. 문제의 본질을 이해할 때까지 질문하는 거지요.

소크라테스와 그의 독특한 질문법을 환영해 주세요. 이 페이지를 다 읽으면, 페이지 끝을 접어 표시해 두세요. 이 페이지가 계속 필요할 겁니다. 이 질문을 아이와 함께 어떤 주제에 대해 자유롭게 활용해 보세요. 특히 사실인지 입증되지 않고 의견이 믿음을 형성한 문제들이 좋아요. 예를 들면 기후변화, 난민문제, 인권문제, 종교, 성평등gender equality 문제 같은 주제들이지요.

아이들과 함께 어떻게 해야 할지 알려드리지요. 이 학교의 사례는 아홉 살 혹은 열 살 아이들입니다. 질문은 "학교에서 '머리 좋아지는 약'을 허용해도 될까?"였습니다. 머리 좋아지는 약이란 인지능력을 향상시키는 촉진제 같은 것입니다. 명석함, 정보처리 속도, 기억력 등을 일시적으로 향상시킵니다. 생각하는 것을 재밌고 신나는 일로 만들지요.

"안 돼요!" 앞에 앉아 있던 아이들의 무서운 비명이 다양한 톤으로 터져 나왔습니다. 아이들은 분명히 그 약이 나쁘다고 배운 것 같습니다. "그 약이 나쁜 사람들 손에 들어가면 어떡해요?"

저는 그 약 자체에 대해 이야기하러 학교에 간 것은 아니었습니다. 그 약은 이미 모다피닐 Modafinil 형태로 합법적으로 구매할 수 있으니까요. 질문을 통해 아이들로 하여금 자신들이 가진 믿음이 본인들이 내리는 결론에 미치는 영향을 알게 하고 싶었습니다. 물론 소크라테스 문답법을 통해서 말입니다. 수업은 6개의 질문들을 소개하면서 시작되었습니다. 머리 좋아지는 약에 대한 토론을 유도하는 질문들이지요.

[1. 사실을 밝히는 질문들]

- …이 무엇을 의미할까?
- 다른 식으로 생각해 볼 수 있을까?
- 여기서 중요한 문제가 뭘까?

- 머리 좋아지는 약이 무엇을 의미할까? 어떤 약에 대해 이야기하는지 말해 보렴. 그 약의 효능과 어떤 부작용이 있는지 말해 보렴.
- '허용한다'는 말이 여기서 의미하는 바가 무엇이지? 모두에게 허용되어야 하는 걸까? 아니면 학습에 어려움이 있는 사람들에게만 허용되어야 할까? 처방전이 있어야 할까? 누구나 복용해도 되는 걸까? 그 약을 복용하고 있다면 교사에게 말해야 할까? 허락을 먼저 받아야 할까?
- 문제가 되는 것이 약의 안전성일까? 약의 효과일까? 아니면 학급에서의 사회적 효과일까?

"학교에서 머리 좋아지는 약을 허용해도 될까?"라는 원래 질문이 애매모호하고 열린 해석이 가능하다는 것을 알 수 있겠지요?

2.질문에 관한 질문

- 우리는 적합한 질문을 하고 있을까?
- 이 질문이 왜 중요할까?
- 이 질문에 답하는 것이 쉽니, 아니면 어렵니?
- 왜 그렇게 생각하지?
- 이 질문이 다른 중요한 문제들과 연결되니?

"학교에서 머리 좋아지는 약을 허용해도 될까?"라는 질문에 대해 명확히 이해하면, 질문이 실제로 의미하는 바를 반영하기 위해 질문을 수정하고 싶을지도 모릅니다. 아마도 다음 질문들 중 하나가 더 정확한 질문이 될 수도 있습니다.

- 머리 좋아지는 약은 사용하기에 안전한가?
- 학습 문제를 가진 아이들에게 제공해야 할 것인가?
- 단지 모다피닐만 금지되어야 하나? 아니면 인지능력 촉진 약물은 모두 금지되어야 하나?

우리는 파생되는 모든 문제들과 질문들을 살펴봐야 할 겁니다. 예를 들면 도핑doping 문제, 나쁜 사람들에 의한 악의적인 사용, 부당한 이익, 초인적인 능력과 그에 따르는 영향 등과 같은 문제들이 있지요. 더 이상 슈퍼히어로 블록버스터 영화나 공상과학소설의 영역이 아니라, 우리 아이들이 평생 동안 다루어야 할 문제일 수 있습니다.

> 3. 추측을 탐구하는 질문들

- 확실하지는 않더라도, 무엇을 추측할 수 있을까?
- 그 대신에 무엇을 추정할 수 있지?
- 그 추측을 어떻게 증명할 수 있지? 아니면 어떻게 반박할 수 있지?

여기서 아이들은 분명히 모든 약물은 나쁘고, 부작용이 있다고 추정할 것입니다. 그렇지만 머리 좋아지는 약은 부작용보다 장점이 더 많다고 밝히는 연구도 있습니다. 군대에서는 이미 승인된 약물에 포함되었고, 옥스포트 대학생의 25퍼센트 정도가 사용하고 있답니다.

나머지 질문들도 어떤 개념들을 조사하고 정보를 수집하여 새로운 개념을 형성하거나 기존의 개념들을 확인하는 방식으로 진행됩니다.

4. 이유와 증거를 조사하는 질문들

- 충분한 증거를 가지고 있니?
- 우리가 가진 정보는 믿을만한 출처에서 수집한 것들이니?
- 우리는 어느 하나의 증거나 생각에 꽂혀서 몰두하고 있는 게 아닐까?
- 우리는 다양한 출처의 정보를 가지고 있니? 아니면 우리 생각과 일치하는 정보들만 모았니?(확증편향 체크)

5. 관점과 균형잡힌 생각에 관한 질문

- 이 문제를 다른 방식으로 바라보는 방법은 무엇이 있을까?(인지적 프레이밍 체크)
- 현재 관점의 장점과 약점은 무엇이 있을까?
- 우리가 내린 결론에 대해 어떤 식으로 반대할 수 있을까?
- 우리가 취할 수 있는 다음 단계가 있을까?

6. 의미와 결과를 탐구하는 질문들

- 우리가 내린 결론의 결과는 무엇일까?
- 최종 결과는 무엇을 의미하나?
- 우리가 취할 수 있는 다음 단계가 있을까?

테러리즘에 관한 논의
(허핑턴 포스트 블로그에 실린 글)

설명하기 힘든 것을 설명하기

테러리즘은 두렵고 이해하기 어려운 주제이다. 우리는 어떻게 이 어려운 테러리즘에 관해 아이들과 토의할 수 있을까? 부모의 신념이 아이의 신념과 행동 방식을 결정한다는 것을 알고 있다. 궁극적으로 내일의 이웃과 사회의 모습을 결정하는 것이다. 아이들에게 외부에 존재하면서 우리 안에도 존재하는 '악'을 이해시키는 것은 현시대 부모의 의무일 것이다.

이해하기 어려운 것들을 아직 미성숙한 아이들에게 어떻게 설명해야 하나? 진실이야 어떻든, 아이들에게 테러리스트들은 사이코패스 괴물들이라고 말하는 것은 악당들에 대한 두려움을 더 키우고, 아이들을 더 무기력하게 만들 것이다. 대신에 이 문제는 원인이 있고, 따라서 해결책도 있다는 것을 보여주어야 한다. 비판적 사고에서 '생각 실험'이라고 불리는 활동이 있는데, 전문적인 지식의 도움을 받아서 다음과 같이 진행할 수 있다.

Q: 무엇이 ISIS 무장단체를 만들었는지 우리가 알고 있다면 어떨까?

감옥에서 인터뷰한 ISIS 단원들은 대개는 자기들에게 돈을 주는 사람들의 종교와 정치에 대해 무지하다면 어떨까? 그들은 극단적인 요구사항들에 대해서도 잘 모른다면 어떨까? 무장단원들의 평균나이가 27세이고, 그들도 아이가 있는 부모라면? 그들이 2003년에 시작된 미국의 점령기간 동안 전쟁에 짓밟힌 이라크에서 자랐다면? 10대 시절에 파티에 갈 수 없었고, 심지어 여자친구를 사귀어 본 적도 없다. 그들 중 많은 젊은이들이 아버지 없이 자랐고, 미국 때문에 이렇게 되었다고 생각한다. 미국 때문에 삶의 보금자리을 잃었고, 공포와 폭력으로 가득찬 삶을 살았다고 믿는다. 그들은 ISIS를 위해 싸우는 것이 자신들이 받은 피해에 대한 복수라고 생각한다. 자신들을 대신해서 다른 누군가가 복수해 주기를 기다리지 않고 직접 행동을 취하는 것이다.

이런 정보를 알게 되면, 우리는 이해할 수 없었던 것들을 이해가 능한 것으로 만들 수 있다. 생각하기도 이야기하기도 불편하지만, 우리가 알고 있던 것들을 다시 생각할 수 있다.

Q: 본질적인 질문이 무엇인가? ISIS는 무엇인가?

ISIS는 예언적 방법론이라고 하는 고대문헌과 관련하여 형성되었다면 어떨까? 추종자들은 경전에 대해 질문을 해서는 안 되며, 질문을 하는 행위는 곧 죽음을 의미할 수도 있다. 이 중세의 문헌들은 무자비함과 학살이 만연했던 시기에 쓰여졌다. 버나드 헤이켈 Bernard Haykel 같은 전문가들에 따르면, IS Islamic State 는 초창기 시절로 돌아가서 전쟁의 규범을 재생산하려고 한다. 극단적인 율법을 따르는 충성스러운 추종자로 가득찬 거대한 제국을 세우고 싶어 한다. 히틀러와 나치당과 마찬가지이다. IS는 자신들의 신념을 반대하는 수많은 사람들을 살해함으로써 세계를 청소하려 한다는 것이다. 그들은 세상을 흑백논리로 인식하는데, 과장해서 말하면, 그들의 정치선동은 평화를 거부하고 세계를 파멸시키는 것을 목표로 한다. 그 방법이 자기파괴적이더라도 말이다. 아마도 이 점이 그들을 이해하기 어려운 이유이지만, 그들의 목표는 명확하다.

Q: 그들은 왜 테러 행위에 전념하는가?

테러는 사람들이 그들을 두려워하게 만드는 방법이다. 두려움이 무관용과 증오를 만들어내고, 다른 종교들과 사람들의 사이가 틀어지도록 의도한 것이다. 아마도 우리의 마음이 나약해지고, 증오로 가득차고, 단합보다 분열에 초점을 맞춘다면, 우리를 더 쉽게 굴복시킬 수 있을 것이라고 믿는 것 같다.

Q: 우리는 무기력한가?

자유진영 지도자들은 ISIS와의 전쟁을 하고 있고, ISIS 지도자들을 체포하고, 젊은이들이 시리아에 가서 ISIS에 합류하지 못하게 한다. 우리는 무엇을 할 수 있을까? 우리는 아이들이 자유로운 세상의 아름다움과 잠재력에 대해 마음의 문을 닫게 하는 움직임에 대항하여 싸울 수 있다. 아이들 스스로 가지고 있는 힘을 알게 해야 한다. 비판적으로 사고할 수 있게 하는 정보와 도구를 제공하는 것이다. 혼란스러운 정보를 구분하고, 모든 것에 의문을 제기할 수 있는 사고력을 키워야 한다. 생각의 자유가 없는 물리적 자유는 아무런 의미가 없기 때문이다.

• 7장의 마무리 •

1. 우리가 가진 정보처리장치의 속도는 느리지만, 그 속도를 보상할 수 있는 많은 생각의 도구가 있다. 사고의 오류 혹은 인지적 편향성이 그런 보상체이지만, 많은 주의를 기울여 사용해야 한다.

2. 아이들과 이런 편향성들에 대해 이야기하면, 우리 자신과 아이들의 사고의 오류를 인지할 수 있다.

3. 엄마, 아빠가 생각하는 방식에서 아이들은 생각하는 것과 좋은 결정을 하는 방법에 대해 배우게 될 것이다. 아이들에게 어떻게 생각하라고 말하는 것은 도움이 되지 않는다.

4. 의사결정을 잘하는 사람들의 7가지 습관에 대해 토의하는 것은 아이들에게 비판적 사고를 소개하는 좋은 방법이다.

   (1) 가지고 있는 정보의 질을 생각한다.
   (2) 정보가 어떻게 포장되고 제시되는지 이해한다.
   (3) 사실, 판단, 주장, 의견이 무엇인지 분명히 한다.
   (4) 어떻게 결정할 것인가를 먼저 결정한다.
   (5) 설득력있는 이야기로 위험요소를 이해시킨다.
   (6) 결정을 내리기 전에 감정이 사고과정에 미치는 결과를 진단한다.
   (7) 결과가 아닌 과정을 통해 자기 자신의 결정을 판단한다.

5. 이 모든 게 어렵다면, 잠깐 멈추고 생각하게 한다.

6. 소크라테스 문답법은 정보와 생각을 해체하여 분석하는 체계적인 방법이다. 아이들은 질문을 통해 배우는 것이 쉽고 재미있다는 것을 알게 될 것이다.

8장

컴퓨터는 가질 수 없는
감성지능

감성지능과 인간의 시대

푹푹 찌는 싱가포르의 폭염 속에서 오랜 시간 줄 서서 기다리고 나서야 3D 극장에 들어섭니다. 긴 기다림 후에 옵티머스 프라임의 거대하고 멋진 푸른 눈과 마주할 수 있었지요. 만질 수 있을 만큼 가까이 다가섰습니다. 영화에 점점 몰입하기 시작합니다.

인류를 위해 생명력의 근원인 올스파크를 메가트론으로부터 지켜 달라는 그의 말에 두려움이 스며든다. 위험한 부탁이고, 용기, 강인함이 필요하다. 나의 선택은 무엇인가. 잠시 생각해 본다. "좋아, 내가 해 보겠어! 이미 멋진 친구들과 함께 있잖아. 잘 해낼 수 있을거야." 오토봇 에박과 함께 어둡고 황폐한 거리를 힘차게 걸어나간다.

악당 로봇들을 때려 부수고, 악당 로봇들의 부서진 몸통과 팔다리를 내던지며 앞으로 전진하고 있다. 건물들이 무너지고 사람들이 혼비백산하며 도망친다. 마침내 올스파크를 메가트론의 가슴에 밀어넣으며 전율한다. 50층 고층빌딩에서 추락하는 순간에는 온몸 구석구석이 부서지는 듯한 충격이 온다.

저는 3D 안경을 벗었습니다. 정말 엄청났습니다. 우리는 어려운 상황에서 5분도 안되는 시간 동안 지구를 구했습니다. 영화가 끝나고 진한 커피가 필요했습니다.

처음으로 체험한 가상현실은 아주 강렬해서 유니버셜 스튜디오의 트랜스포머에 앉아 있다는 것을 제외하면 현실처럼 느껴졌습니다. 엔터테인먼트와 통신기술 그리고 많은 것들의 미래를 보는 것 같았습니다.

가상현실적인 요소는 우리 삶의 모든 영역에서 자라고 있습니다. 가상의 인간관계를 쌓는 것부터 신체적 흥분, 의료 진단, 가상의 상대와 대화하는 것, 게임을 하는 것까지 말이지요. 증기기관이 육체노동을 대신한 것처럼, 기술은 정신노동을 대신하고 있습니다. 본격적인 컴퓨터의 사용은 1950년대 이후이지만, 우리는 아직도 새 장난감을 가지고 놀듯이 컴퓨터의 사용법과 가능성을 배우고 있습니다.

IT 기술 발전의 결과인 인공지능은 전통적인 현실에 도전하며 컴퓨터의 사용을 더 높은 수준의 단계로 발전시키고 있습니다. 예를 들면, 품질관리, 콜센터 운영, 친구되기, 질병의 진단과 같이 전통적으로 인간이 해왔던 역할들을 서서히 대신하고 있습니다. 더 나아가서 컴퓨터가 하기 힘들다고 믿어왔던 기술들에 대한 수요는 전에 없이 커질 것입니다. 그러나 미래학자들과 인적자원 전문가들은 리더십, 동기화, 혁신, 감성지능 같이 사람 고유의 능력들을 무시하지 말라고 경고합니다. 이런 자질들은 이력서에 계속해서 등장할 것입니다. 이런 재능들을 더 이상 개성의 일부가 아니라, 성공을 위한 필수요소입니다. 현재 상업적인 영역은 기술이 수행하는 일들로 채워지고 있습니다. 기술을 프로그램하고 만드는 사람들이 수행해야 하는 일들과 기술로 대체하기 어려운 일들도 있습니다. 예를 들면 흩어져 있거나, 이질적으로 구성된 회사직원들을 하나로 만드는 것과 고객 및 회사직원들과 공감하는 것 등은 아직 인공지능이 따라할 수 있는 영역은 아니지요.

라메즈 셰이크Ramez Sheikh는 유니버셜 네트워크 아시아의 네크워크 개발 및 유통 부사장입니다. 아주 카리스마 넘치는 사람이지요. 싱가포르 시내에서 함께 아침식사를 한 적이 있습니다. 아주 유능한 사람들로 구성된 세일즈 팀을 어떻게 이끌고 동기를 부여하는지에 관해 이야기를 나누었지요. 그의 팀은 수백만 달러 규모의 엔터테인먼트 사업을 수행하고 있고, 호시탐탐 그들의 약점을 노리는 경쟁회사들로 둘러싸여 있습니다. 그는 말합니다.

"제가 가장 어렵게 느끼는 것은 팀원들을 그들이 하고 있는 일에 몰입하게 하는 것입니다. 그들이 창출하는 가치에 대해 이해시키고, 지금 하는 역할에서 의미를 찾게 하는 것이 중요합니다. 리더는 사람들을 연결시킬 만한 이야기를 펼칠 수 있어야 합니다. 복잡한 문제를 쉽게 풀어 헤치는 것이 필요하지요. 다시 말하면 복잡한 정보를 개개인들이 이해하고 서로 연결될 수 있는 것으로 재창조할 수 있어야지요."

컴퓨터가 아무리 진화했어도 이런 일을 할 수 있는 소프트웨어 프로그램은 아직 없습니다. 언제나 인간의 능력이 필요한 부분이 존재합니다. 이런 역할은 예전보다 빠르게 커지고 있습니다. 우리는 정보화 시대를 지나 인간의 시대로 들어서고 있는 거지요.

이렇게 새로운 사회적 환경과 기업 환경이 새로운 관점으로 등장하면서, 우리 아이들이 인생여정을 성공적으로 항해하기 위해서는 완전히 새로운 능력이 필요하게 되었습니다. 트레비스 브래드베리 박사는 《감성지능 코칭법》의 공동 저자이자 탤런트스마트TalentSmart 의 공동설립자입니다. 탤런트스마트는 감성지능 테스트 및 훈련 서비스 기업입니다. 포춘지가 선정한 세계적인 기업들과 함께 일하고 있습니다[1]. 브래드베리 박사팀의 연구결과는 중요한 정보를 제공합니다. 그의 연구에 따르면 "지능은 우리가 어떻게 살아가는지에 대해 20퍼센트 정도밖에 설명하지 못하며, 나머지 80퍼센트 이상은 감성지능의 영역이다. 직장에서 높은 수행능력을 보이는 사람들의 90퍼센트는 높은 감성지수Emotional Quotient 를 보유하고 있다. 감성지수EQ 가 높은 사람들은 낮은 사람들보다 일년에 2만8000달러 더 번다."고 합니다.

여기서 중요한 질문은 '우리의 감성지수는 성인 초기에 부모로부터 독립할 때 그 수준에 정체되어 있는가?' 아니면 '계속해서 감성적으로 스마트해질 수 있는가?'입니다. 우리의 감성지능이 10대 시절의 수준에서 멈춘다면 브래드베리 박사는 성공할 수 없었겠지요. 감성지수는 하나의 필수적인 자질에 근거하여 학습되는 능력입니다. 그 필수요소가 바로 자기인식 self-awareness 입니다. 자기인식 없이 성공할 수 있는 사람은 없습니다. 아주 운이 좋으면 가능하겠지만, 그런 경우에도 그 성공을 계속 유지할 수 없을 겁니다.

감성지능은 비판적 사고 훈련 프로그램에서 가장 큰 부분을 차지합니다. 참가자들이 가장 재미있어 하고, 유용하게 생각하는 부분이기도 합니다. 이유가 궁금했습니다. 대부분의 사람들이 감성적이고 사회적인 반응능력을 향상시키는 교육을 받아본 적이 없다는 것을 알게 되었습니다. 인생에 미치는 중요성을 생각해 본다면, 정말로 어떤 변화가 필요합니다. 우리 스스로 시작해야 합니다. 우선 감성지능의 네 개 영역과 기본적인 뇌의 활동을 탐구해 보겠습니다. 그러고 나서, 아이들의 감성지능을 어떻게 발달시킬 수 있는지 살펴보겠습니다. 우선 감성지능을 작동시키기 위해 인지능력이 어떻게 움직이는지 알아야겠습니다. 자기인식이 어디선가 발생해야 하니까요.

가상의 젓가락을 왼쪽 눈을 통과하게 찌르고, 다른 하나는 왼쪽 귀로 통해 찌르면, 두 젓가락은 좌측 편도체가 위치한 곳 근처에서 만나게 됩니다. 편도체는 우뇌에 하나 더 있습니다. 이 두 녀석들은 팀 안의 팀처럼 작동합니다. 자기 자신의 규칙대로 움직이는데, 진화의 증거이지요. 우리는 오감을 통해 정보를 수용합니다. 이런 감각적인 정보가 뇌를 통하여 지나는 두 개의 통로를 통해 들어옵니다. 이해하기 쉽게 윗길과 아랫길이라고 부르겠습니다. 들어오는 정보는 이성이라고 하는 윗길을 통해 대뇌피질을 거쳐서 편도체로 이동합니다. 대뇌피질은 생각이 발생하는 부분이지요. 따라서 들어온 정보에 반응하기 전에 수용된 감각 정보들에 대해 생각하는 거지요. 반응이라고 하는 아랫길은 대뇌피질을 건너뛰고 데이터를 편도체에 바로 씁니다. 왜 그럴까요? 편도체는 우리가 두려움과 불안에 반응하게 하는 기관이기 때문입니다. 생각을 건너뛰고 바로 행동할 수 있게 하는 편도체의 기능때문에 인간은 20만 년 이상 동안 먹이사슬의 최상위에 위치할 수 있는 거지요[2].

생각하지 않고 행동하는 것처럼 느끼는 상황에 대해 이야기해 봅시다. 사춘기 아이가 못되게 이야기하고 나서 사과하는 경우는 어떤가요? 아이는 "내가 왜 그런 얘기를 했는지 모르겠어. 그냥 튀어나왔어. 정말로 그런 뜻으로 한 말이 아니야."라고 말합니다. 이런 상황들의 대부분은 공포 혹은 불안에 휩싸이지요. 위협적인 상황을 인지하게 되면, 수용되는 정보는 감정중추로 직행합니다. 그 정보에 대해 먼저 생각하지 않고 제한적인 감각정보에 반응하게 합니다. 생각을 하려면 시간이 걸리겠지요. 편도체는 뇌의 다른 부분들과 잘 연결되어 있지만, 대개는 일방통행이고 외부로 연결됩니다. 그러니 감정 통제가 잘 안 되고, 감정이 생각을 지배하기 쉽지요[3].

우리가 정보를 인지하는 방법을 변화시킬 수 있다면 정보를 뇌에서 처리하고 분류하는 방법을 바꿀 수 있습니다. 결국에는 우리가 만들어 내는 반응도 변화시킬 수 있지요. 요약하자면, 자기인식을 통해 우리의 감정을 더 똑똑하게 다룰 수 있습니다.

다니엘 골먼Daniel Goleman은 감성지능의 개념을 처음으로 도입하지는 않았지만, 1995년에 출판한《감성지능: 왜 IQ보다 중요한가 Emotional Intelligence: Why It Can Matter More Than IQ》라는 책을 통해 감성지

능이라는 용어를 널리 알렸습니다[4]. 골먼은 감성지능을 자기인식

self-awareness, 자기관리self-management, 공감empathy, 사회적 기술

social skills 등 4가지 영역으로 분류했습니다. 골먼은 이런 특징들은 타

고난 능력이 아니라 학습되는 능력이라고 강조했습니다.

자기인식

> 감성능력의 기초 중 하나인 정확한 자기평가는 12개 국가에서 모인 수백 명의
> 관리자들 중에서 우월한 업무수행 능력을 보인 사람들과 관련이 있었다.[5]
>
> ● 리처드 보이애치스(Richard Boyatzis),
> 《유능한 관리자: 효과적인 업무수행을 위한 모델

여러분은 어떤 감정을 느끼면서 그 감정에 이름을 붙일 수 있나요?

대략 37퍼센트의 사람들만이 그렇게 할 수 있다고 합니다[6]. 감정을 느

끼면서 식별할 수 있다면, 그 감정과 감정에 대한 반응을 관리하는 데

있어서 아주 유리한 위치에 있습니다. 예를 들면 직장에서 동료에게

공격당하거나, 통금시간을 어겨서 부모님이 화가 난 상황이라도 그게

생명을 위협할 정도의 위급한 상황은 아니라는 것을 인식할 수 있지

요. 그러면 감정을 담당하는 편도체는 심하게 반응하지 않을 겁니다.

편도체의 반응을 약간 늦추면, 정보는 이성의 윗길을 따라서 안전

하게 대뇌피질까지 도착할 수 있습니다. 이론적으로는 아주 간단해 보

이지요? 그러나 반응의 아랫길이 무의식적으로 선택되면, 우리는 어

떻게 본능적인 반응을 통제할 수 있을까요? 바로 이 지점이 자기인식이 등장할 때이지요. 코칭 프로그램 참가자들에게 일주일 동안 스트레스를 많이 받을 거라고 말해 줍니다. 그 일주일 동안 감정을 기록하는 일기를 쓰게 하지요. 화나고, 좌절하고, 비협조적으로 느끼거나, 거부당하는 느낌을 받은 모든 순간을 기록하게 합니다. 무엇때문에 그런 감정을 느꼈는지, 그리고 그런 감정을 느끼게 만든 상황을 기록하지요. 이렇게 하다 보면 감정적인 언어와 그런 감정을 느끼게 만들고 촉발시킨 것들에 대한 통찰력을 갖게 됩니다. 각각의 감정이 일관성 있는 신체적 특징이 있다는 것을 인식하는게 가장 중요합니다. 분노는 좌절과 다르고, 수치감이나 후회하고도 다릅니다. 자기인식 능력이 상승되면 코칭을 위한 대화를 본격적으로 시작할 수 있지요.

우리는 이미 아이들과 코칭 대화를 하는 방법을 알고 있습니다. 아이들은 기분 나쁜 만남을 기억합니다. 예를 들면 급하게 반응하도록 강요받았거나, 자기 주장을 했어야 하는데 도망간 적도 있겠지요. 몇 가지 질문으로 자기인식을 하게 도와줄 수 있습니다.

- 그런 대화를 하면서 혹은 그런 상황에서 어떤 기분이 들었지?
- 항상 이런 식으로 이런 감정을 느끼니?
- 몸은 어떻게 반응하니?
- 이런 감정을 느낄 때, 하려고 하지 않았던 말이나 행동을 하게 되니?
- 그런 경우 기분이 어떻지?

이런 대화를 두려움, 분노, 역겨움, 놀람, 슬픔, 행복함 등등 기본적인 감정들을 인식할 때마다, 그리고 아이가 자신의 내적인 생각을 있는 그대로 밖으로 표현할 수 있을 때까지 지속합니다. 아이들은 이런 감정을 반드시 경험하게 됩니다. 특히 사춘기에는 더욱 그렇겠지요.

이 시점에서 사춘기의 뇌가 통제 불균형 상황에 있다는 것을 기억해야 합니다. 사춘기의 하향식 통제시스템은 대뇌피질이 담당합니다. 대뇌피질은 보상과 정서를 처리하는 영역보다 느리게 성숙합니다. 편도체가 이 영역을 부분적으로 수용하지요. 그래서 대뇌피질은 감정적인 반응성이 증가하는 사춘기 동안에 감정을 잘 통제하지 못합니다. 사춘기 이전에 아이의 감정인식 능력을 발달시키도록 도와준다면, 질풍노도의 시기에 아이가 감정을 안정적으로 인식할 수 있다고 합니다. 참 다행스러운 소식입니다.

아이들이 이 힘든 시기를 무사히 지날 수 있도록 감정이 사고력에 미치는 구체적인 효과를 탐구할 가치가 있습니다. 물론 우리 자신에게도 적용될 수 있지요. 극도의 행복감이든 극도의 분노감이든, 어떤 감정을 느끼게 만드는 호르몬은 위험을 적절하게 평가하는 능력을 감소시킵니다. 예를 들면 큰 성공을 경험한 후에 위험한 투자를 하는 경향이 있습니다. 자신감이 상승하고, 새로운 위험은 대단치 않아 보입니다.

아이들은 승리의 기쁨을 만끽하는 순간이나, 우정의 배신 때문에 극도로 화났을 때 나쁜 판단을 하기 쉽습니다. 슬프거나 실망할 때에는 사회적 활동을 자제하게 됩니다. 고통을 잊거나 위로를 받기 위해 시간을 보내고는 하지요.

스트레스의 감정은 어떨까요? 스트레스 상황에 놓여 있다는 것을 아는 것은 자기인식에서 중요한 부분입니다. 스트레스 호르몬이 단기적으로 분출되면 우리의 감각은 예민해집니다. 신체의 유지기능이 멈추고 피가 팔다리 쪽으로 몰리면서 움직일 수 있게 준비합니다. 스트레스의 분출은 인류의 조상들이 긴급한 위험에서 벗어나기 위해서 필요한 것이었습니다. 위협이 지나가고, 평온함이 몸과 마음에 다시 찾아옵니다.

일상적인 상황에서도 매일매일 낮은 수준의 스트레스를 받게 됩니다. 교통체증, 청구서, 긴 근무시간, 나쁜 직장상사, 정보 과부하 혹은 충분하지 않은 현실 등에서 오는 스트레스들이지요. 우리 아이들은 학교시험, 관계의 어려움, 예측불가능한 호르몬 변화, 심지어 가정에서의 문제들과 마주합니다. 이런 상황에서는 균형을 잃고 쓰러지기 쉽습니다. 여러분은 스트레스를 받고 있다는 것을 어떻게 아나요? 지금 생각해 보세요.

나는

1. _____ 할 때

2. _____ 할 때

3. _____ 할 때 스트레스를 받고 있다

는 것을 안다.

스트레스가 건강에 영향을 준다고 믿습니까? ('예.' 혹은 '아니오.')

스트레스를 받으면 화가 나고, 식욕을 감퇴시키고, 잠을 못 자고, 멍청한 행동에 대해 참지 못합니다. 멍청이 같은 사람들이나 행동들이 우리 삶에 더 많은 것처럼 느껴집니다. 다들 비슷하시죠? 하지만 이게 최악은 아닙니다. 만성적인 스트레스는 고혈압을 유발하고, 면역체계를 약화시키고 감염에 취약하게 만듭니다. 스트레스 때문에 천식, 소화불량, 암 등이 발병할 수도 있습니다. 노화를 촉진시키기도 합니다. 너무 무섭지 않나요? 다행히도 우리는 더 이상 스트레스의 횡포에 무기력하지 않습니다. 스트레스에 관한 새로운 연구는 스트레스에 대한 전통적인 개념을 깨고 있습니다. 스트레스에 대항하기 위한 새로운 전략을 제공하고 있지요.

스트레스는 심장질환의 주요 원인이라고 합니다. 심장질환은 선진국에서 조기사망의 주요 원인이기도 하지요. 최근 많은 연구에 의하면, 이렇게 생각하는 것만으로도 조기사망률을 43퍼센트까지 상승시킨다고 합니다. 믿겨지나요?

그런데 스트레스를 건강에 위험요소라고 생각하지 않는 사람들은 스트레스를 상대적으로 덜 받는 사람들보다 조기사망률이 낮다라는 연구도 있습니다[7]. 하버드대학교와 캘리포니아 대학교 연구팀은 어떻게 이런 결과가 가능한지 궁금했습니다. 그래서 스트레스가 우리 몸에 미치는 효과에 대해 마음을 바꾸면 생기는 신체적 결과에 대해 연구했습니다. 연구결과는 놀라웠습니다[8].

일반적으로 스트레스를 받으면 혈관이 수축되면서 심장이 빠르게 뜁니다. 그러나 이 연구에서는 참가자들에게 스트레스를 해로운 요소로 생각하지 않도록 유도하면서, 앞으로 있을 힘든 상황에 대비하게 했습니다. 새로운 마음가짐을 갖게 되자, 스트레스를 받을 때 심장박동수는 여전히 상승했지만 혈관은 편안한 상태를 유지했습니다. 심혈관 관련 검진결과는 역경에 맞서 용기를 내려는 사람의 검진결과와 아주 비슷해 보였습니다. 이 결과는 스트레스가 도움이 된다고 믿는 것이 건강에 더 좋은 이유를 설명할 수 있습니다.

스트레스를 우리 몸에 기운이 필요하다는 신호로 인식하고 미리 준비하면, 스트레스가 유발할 수 있는 신체적인 충격에 대항할 수 있습니다. 스트레스에 저항하는 일종의 정신적인 백신이지요. 스트레스가 수행능력에 도움을 준다고 믿으면 아이들은 덜 불안해하고, 자신감은 올라가고, 무엇보다 스트레스 관련 질병에 저항력도 높아질 수 있습니다.

> 스트레스는 일생 동안 함께 합니다. 이런 한 가지 생물학적 변화가 쉰 살에 심장마비에 걸리는 사람과 아흔 살까지 잘 사는 사람의 차이점일 수도 있습니다. 이것은 스트레스에 관한 새로운 연구에 의해 밝혀진 내용입니다. 스트레스에 대해 어떻게 생각하느냐가 중요합니다.
> ● 켈리 맥고니걸(Kelly McGonigal), 건강 심리학자(스탠포드 대학교)

상황에 대해 다르게 생각하거나 재평가하는 것은 인지 행동 치료법의 중심개념입니다. 아이들의 마음가짐을 변화시키기 위해 여러분이 치료사가 될 필요는 없습니다. 단순히 그리고 지속적으로 아래 내용을 알려주세요.

- 심장이 빠르게 뛰는 것은 더 많은 산소를 뇌로 공급하는 것이다.
- 손바닥에 땀이 차는 것은 몸이 열을 식히려는 것이다.
- 뱃속에서 꼬물꼬물거리는 것은 위장근육이 수축하는 것인데, 혈액이 장기에 돌면서 움직임을 준비하는 것이다.
- 그리고 이 모든 것은 자연스러운 현상이다.

걸음마를 시작하는 아이들은 어쩌지요? 스트레스라고 하는 단어는 걸음마를 배우는 시기가 한참 지나고 나서 아이의 어휘목록에 추가되는 게 좋습니다. 걸음마를 시작한 아이가 짜증을 내는 경향이 있으면, 다음 섹션으로 이동하세요. 그렇지 않으면, 감성지능의 두 번째 영역인 자기 관리를 다루는 부분으로 이동하세요.

저자의 노트

• • •

위스콘신-메디스 대학교 인구보건 과학과에서 수행한 연구에 따르면, 1억 8600만 명의 미국 성인들의 33.7퍼센트는 스트레스가 건강에 많이 혹은 어느 정도 영향을 준다고 합니다(Keller 외, 2012, 참고자료). 높은 수준의 스트레스가 건강에 영향을 준다는 인식은 건강 악화와 정신 질환의 발생 가능성과 관련있다고 합니다. 스트레스를 많이 받는다고 대답하고, 스트레스가 건강에 영향을 준다고 믿는 사람들의 조기사망 위험은 43퍼센트로 높다고 합니다. 그래서 스트레스 관련 질병이 나타나는 것은 스트레스 자체가 아니라 스트레스가 건강에 나쁘다는 믿음일 수 있습니다. 불행히도 우리는 스트레스는 나쁘다고 들으면서 성장했기 때문에 이것을 고치는데 평생이 걸릴 수 있습니다. 우리는 너무 늦었을지도 모르지만, 우리 아이들은 우리와 다른 생각을 갖게 할 수 있습니다.

걸음마 시기: 스트레스의 시작

아기들은 생후 18개월에서 24개월이 되면 걸음마를 시작합니다. 이 시기에 아기들은 성질을 부리기 시작합니다. 바로 스트레스 호르몬이 분출되는 거지요. 짜증나는 상황은 아기에겐 세상의 종말처럼 느껴질 수 있습니다. 인생에 있어서 정말로 중요한 단계의 시작입니다. 스트레스 호르몬을 어떻게 다루어야 하는지 배우는 것은 인생이 던져주는 숙제를 해결하는 능력의 기초를 형성합니다.

아이의 짜증은 인지 조절 기제가 미성숙하고 스트레스 호르몬이 분출되기 때문에 생기는 결과입니다. 형이 장난감을 빼앗거나, 엄마가 "안돼."라고 말하거나 어떤 혼란이나 배고픔 등의 자극이 아이의 몸에서 스트레스 호르몬의 분출을 촉발시킵니다. 우리의 몸에서도 똑같은 호르몬이 분출되지만 우리는 이미 스트레스 반응을 관리할 대응기제를 가지고 있습니다. 그래서 우리는 회의실에서 상사에게 소리지르며 테이블 위로 몸을 던지지 않지요. 일그러진 얼굴에 눈물을 범벅한 채로 당신이 싫다고 소리치지 않지요. 단지 그렇게 하는 것을 상상만 할 뿐입니다.

고마워해야 하는 뇌의 부위는 전두엽 피질입니다. 전두엽 피질은 반응의 결과를 상상할 수 있게 하고, 원하는 것을 얻어낼 수 있는 방법을 알아내기 위한 논리를 사용하게 합니다. 문제는 이런 능력은 네 살쯤 발달하기 시작해서 스물한 살에서 스물다섯 살 사이에 완성됩니다. 여성이 남성보다 조금 빠른 편입니다. 걸음마 시기의 짜증은 우리를 당황시키거나 쓸모없는 부모라고 느끼도록 하기 위해 계산된 행동이 아닙니다. 아이에게 아직은 사악해지거나 기만적인 행동을 할 능력이 없습니다. 아주 똑똑한 아이들은 1차원적인 거짓말[1]을 두 살쯤[2]에 시작할 수 있지만, 대부분은 잘못을 숨기려는 것이지 계획적인 것은 아닙니다. 평균적으로 짜증은 약 1분 후에 정점을 찍고 대개는 3분 정도 지속합니다. 그러나 사실은 훨씬 더 길게 느껴지지요.

여러분이 어떤 부당함에 대해 화가 난 상태에 있다고 상상해 보세요. 예를 들면 주차하기 위해 15분이나 기다린 자리를 누군가 가로챘습니다. 자리를 훔친 사람이 뒤돌아서 여러분에게 진정하라고 소리칩니다. 이게 무슨 도움이 될까요? 어림없는 소립니다. 여러분의 화를 더 돋울 뿐입니다. 그렇지 않나요? 성질을 부리고 있는 아이에게 물어보는 것도 마찬가지일겁니다. 걸음마 시기의 아이들은 스스로 화를 진정시킬 수 없습니다. 화를 진정시키기 위해서는 스트레스 호르몬 분비가 멈추어야 합니다. 이게 아이들이 잘 진정이 되지 않는 이유이지요.

아이가 유아기에 겪게 되는 이런 자연스러운 단계를 다룰 수 있게 도와주세요. 아이가 스트레스를 다루는 첫 번째 기억이 생기고, 스트레스를 다루기 위한 신경 연결 통로가 전두엽 피질에 만들어집니다. 성질을 부리는 모든 순간이 학습경험이 될 것입니다.

첫째, 아이가 짜증을 부리는 모든 순간은 아이의 화를 돋우는 상황에 대한 데이터를 수집할 수 있는 기회입니다. 시간, 자극의 수준, 배고픔, 피곤함 등이지요. 둘째, 아이가 성질부리는 시간을 줄일 수 있는 다양한 방법을 시도할 기회입니다. 대안적인 적응기제가 형성될 수 있게 하는 거지요. 어떻게 할 수 있을까요? 관련하여 도움이 될 만한 이야기를 해 보겠습니다.

▪ 관심을 돌리고 화를 누그러뜨리기

스트레스 호르몬을 멈추기 위해서는 스트레스를 발생시키는 원인을 제거해야 합니다. 아이의 요구를 다 들어주라는 말이 아닙니다. 오히려 떼를 쓴다고 아이가 원하는대로 들어주면 더 많은 문제가 생깁니다. 우선 아이의 관심을 다른 흥미로운 것으로 돌리세요. 뭐든 상관없습니다. 아이가 좋아하는 노래도 상관없습니다. 그리고 나서 아이를 자극했던 장소를 벗어나세요. 예를 들면 그게 사탕을 쌓아 놓은 장소나 놀이그룹이었다면 그 장소에서 아이를 다른 곳으로 옮기세요.

▮ 아이들의 요구에 동의하지 않기

아이들 곁에 조용히 앉아서, 여러분이 옆에 있고 이야기하거나 안아 줄 준비가 되어 있다는 것을 알려 주세요. 아이들이 충분히 조용해졌을 때 해야 합니다. 아이들의 합리적인 사고는 아직 작동하지 않습니다. 그건 떼쓰기가 사라지는 다섯 살은 되어야 가능합니다. 슬픈 아이는 위안을 찾으려 하고, 대개는 무슨 일이 생겼는지 잊어버리지요. 아이가 이해할 수 있는 결과를 말해 주면서 화가 절정에 머무르는 시간을 단축시켜야 합니다. 예를 들면 "계속 소리지르고 있으면 공원에 갈 수가 없잖니?", "엄마(아빠)가 다섯까지 셀 거야. 다섯까지 세는 동안 조용하지 않으면, 그냥 집에 갈 거야. 그리고 오늘은 스마트폰도 못하게 할거야." 한번 말하고 나서 아이에게서 떨어지세요.

마트나 차 안에서 떼를 쓰는 것은 그나마 견딜만 합니다. 장거리 비행은 어떻게 해야 할까요? 다른 모든 사람들은 자는 척하고 있고, 여러분은 품에서 벗어나려고 몸부림치며 울부짖는 아이를 안고 통로에 서성이고 있지요. 아이가 떼를 쓰고 있는 것인지 금방 알 수 있습니다. 그렇다면 안전한 장소에서 떼를 쓰게 해야 합니다. 부정적인 행동에 대한 보상을 제거하는 타임아웃 기법을 쓸 수 있지요. 화가 시작될 때마다 노트에 기록하세요. '원인이 무엇이지?', '아이가 무엇을 원하지?',

'아이를 진정시킬 수 있는 것과 효과가 지속하는 시간은?' 등과 같은 것을요. 3회에서 4회가 지나면, 이런 행동을 유발하고 멈추게 하는 것에 관한 유용한 정보를 확보할 수 있습니다.

지나 미롤트Gina Mireault 박사는 "이 시기의 아이들은 논리적으로 생각하지 못합니다. 우리에게 일상적인 경우도 아이들에게는 혼란스럽고 무서울 수 있지요. 주변 세상에 대한 혼란은 아이들에게는 거대한 불안 요인입니다."라고 말합니다. 아이들은 불안하면 쉽게 스트레스를 받고 짜증 내기 쉽습니다.

감정을 지배할 것인가, 감정에 지배당할 것인가

감성지능의 두번째 영역은 자기관리self-management 입니다. 저는 이 용어를 더 이상 사용하지 않습니다. 자기관리 혹은 통제는 사회적 상황에서 자연히 발생하는 감정들을 억압해야 한다는 것을 암시합니다. 아리스토텔레스는 "누구든 화를 낼 수 있다. 이것은 쉬운 일이다. 하지만 딱 맞는 사람에게, 딱 맞는 정도로, 적절한 때에, 딱 맞는 목적으로 그리고 올바른 방식으로 화를 내는 것은 아무나 할 수 있는 것이 아니며, 이렇게 하는 것은 쉽지 않다."라고 말했습니다. 2400년이 지난 후에도 감성적으로 지적인 것은 여전히 쉽지 않습니다.

분노, 좌절, 무력함 같은 감정들은 우리가 어떤 교정 행위를 하게 하는 생물학적인 현상입니다. 몸과 마음이 균형을 잃은 상태라서 어떤 조치가 필요하다는 것을 표현하는 것이지요. 이런 신호들을 덮어두고 살면 나중에 치료를 받아야 할지도 모릅니다. 다른 사람들에게 감정을 강하게 표현하는 것은 관심을 받고 싶다는 강한 표현입니다. 작은 아이에게 강한 감정표현은 생존을 위해 필요한 기술입니다. 필요한 것과 불편함을 표현하는 방법이지요. 아이가 느끼는 감정을 표현할 말이 없는 경우에 특히 더 그렇지요.

크리스 보스Chris Voss는 전직 FBI 소속 국제 납치 협상전문가입니다. 포커페이스를 유지하고, 감정의 모든 흔적을 지우고, 문제상황에서 사람들을 구해내기 위해 훈련받은 사람이지요. 그러나 이 분야에서 그가 경험한 바에 의하면, 성공적인 협상결과를 얻기 위해 감정은 중요한 역할을 한다고 합니다. 《타임지 Time Magazine》[1]의 기고문에서 크리스 보스는 "사람들의 감정이 문제인 상황에서 당신은 어떻게 사람들을 문제로부터 구할 수 있습니까?"라고 질문합니다. 그리고 감정은 의사소통을 방해하는 주요 요인 중 하나라고 계속 설명합니다. "사람들이 서로에게 화를 내면, 이성적인 사고는 창문 밖으로 나가버립니다. 이게 바로 감정을 부정하거나 무시하지 말고 감정을 밝혀내고 감정에 영향을 주어야 하는 이유입니다." 우리가 감정을 정보로 인식할 수 있어야 하고, 이런 감정이 우리 자신과 다른 사람들에게 미치는 강력한 효과를 이해해야 합니다. 감정이 우리의 생각과 행동을 안전하게 안내할 수 있게 해야 하지요. 그렇게 할 수만 있다면, 우리는 인생에서 성공하기 위한 준비가 다 된 것이지요.

아이들은 자신의 감정을 완전히 이해할 필요가 있습니다. 코칭 대화가 아이들의 감정발달을 돕는 강력한 도구가 될 수 있습니다. 앞서 다룬 자기인식 섹션에서의 대화에 분노를 소재로 한 질문을 활용해 코칭 대화를 이어갈 수 있습니다. 분노는 한가지 사례로 사용된 감정 중 하나입니다.

- 화가 나면, 몸이 너에게 무슨 말을 하는 것 같니?
- 화가 나고 몸이 싸울 준비가 되어 있다면, 항상 가능한 최선의 결과를 만들어 낼 수 있니?
- 무엇 때문에 화가나고 언제 화가 나는지 인식하고 있다면, 대응하기 전에 잠시 멈추고 심호흡을 할 수 있겠니? 그렇게 하면 감정을 추스리고 감정에 대해 이성적으로 생각할 시간이 생길 거야. 몇 초만 기다리면 될 거야.
- 네가 하는 행동의 결과에 대해 생각할 시간이 생기면, 더 유용한 말을 할 수 있을까? 나중에 후회하지 않을 정도로 말이지. 더 나은 주장을 하고 더 스마트해 보이게 할 수 있을까?
- 화가 났을 때 다른 대응방법이 있을까?

물론 특정 상황에 대해 이야기하고, 어떤 대화나 갈등의 결과를 변화시킬 수 있는 다른 대응방법에 대해 물어보는 것도 도움이 됩니다. 자신의 감정에 대해 다르게 반응하면 다음에 발생할 결과를 변화시킬 수 있다는 것을 알게 해야 합니다. 더 바람직한 결과를 만들어내기 위해 즉각적인 감정분출을 잠시 보류하는 것이 중요합니다.

한번은 아주 멋진 미국여성을 코치한 적이 있습니다. 그녀의 이름은 안나Anna였습니다. 아시아에서 대형은행의 고위직에 근무하게 되면서 남편은 일을 그만두고 집에서 두 딸을 보살피기로 결정했습니다. 불행히도 남편은 인생의 큰 변화에 잘 적응하지 못했습니다. 안나는 직장에서 할 일이 많았고, 주중에 딸들을 볼 시간도 없었습니다. 직장에서 성공할수록, 가족은 점점 더 불행해졌습니다. 가족들은 캘리포니아로 돌아가고 싶어했지요. 그렇게 되면 안나는 직장에서의 성공과 금전적인 혜택을 포기해야 했습니다. 그 당시 새로운 일을 한지 겨우 9개월이 지난 상황이었고, 어떻게 해야 할지 몰랐습니다. 직장과 가정에서의 지속된 스트레스는 그녀를 감정적으로 지치게 했고, 건강에도 영향을 주기 시작했습니다. 피로감, 두통, 집중력 장애가 오기 시작했습니다. 아이들과 남편 모두 장염에 걸려 입원하자, 그녀는 직장에서 울고 말았습니다. 회의실에서 공격을 받고 힘든 동료나 프로젝트를 관리할 것을 요구받자 울음이 터졌습니다.

분명히 직장에서 업무에 대한 반응으로 바람직하지는 않았습니다. 연고도 없고 친구도 없는 외국에서 과중한 양의 압박을 받으며 일하고 있다는 것으로 변명할 수는 있겠지요. 자기인식을 하면서, 안나는 그녀가 할 수 있는 모든 것을 했지만 아직도 눈물에 제압당한 상태였습니다. "이제 어쩔 수 없나 봐요." 안나는 계속 이렇게 말했습니다. 우리의 첫 번째 과제는 그녀가 자신의 감정적인 반응을 완전히 장악하고 있으며 자신이 무기력하지 않다고 믿게 하는 것이었지요. 어느 누구도 동의 없이 자신을 울게 하거나, 소리치게 하거나, 웃게 하거나, 다른 어떤 감정을 강요할 수 없습니다. 뇌의 편도체가 뱉어내는 호르몬에 의한 감정적인 반응을 의식적으로 통제할 수는 없을 겁니다. 그렇지만 이런 호르몬들이 내부에서 만들어내는 기분에 대해 어떻게 반응해야 하는지는 완전히 통제할 수 있습니다. 눈물이 터지는 것은 그녀의 몸이 "나는 더 이상 견딜 수 없어."라고 말하고 있음을 알게 되었습니다. 눈물은 효과가 있었습니다. 그녀의 눈에 눈물이 고일 때마다 당면한 업무에서 면제되었습니다.

두 번째 과제는 안나가 회로차단기를 찾게 하는 것이었습니다. 울음은 더 이상 필요하지 않다는 생각을 몸에게 말하는 것이지요. 그러기 위해선 그녀가 스트레스에 반응하는 강도만큼의 생각이 필요했습니다. 그녀는 요리하는 것을 좋아했고, 음식을 통해 사랑하는 사람들에게 애정을 표현했습니다. 그래서 일주일에 이틀은 일찍 퇴근해서 가족들을 위해 요리를 할 수 있도록 근무를 조정했습니다. 이런 조치가 그녀의 무기력감을 해결하는데 어떻게 도움이 되었을까요? 눈에 눈물이 차오르는 순간마다, 그녀는 마음속으로 자신에게 "이번 주에는 에미 Emi와 안젤라 Angela에게 무슨 요리를 해 줄까?"라고 물었습니다.

그 질문에 대답할 필요는 없었습니다. 어떤 목적이 있고 즐거운 것을 생각하는 것만으로도 즉각적인 스트레스 반응을 역전시키고 눈물을 참기에는 충분했습니다. 눈물이 다시 나오면 쇼핑에서 무엇을 사야할지 물었습니다. 거의 눈물이 날 만한 상황마다 사야할 것을 추가했지요. 이런 사고의 간섭이 더 이상 필요하지 않게 되기까지 오랜 시간이 걸리지 않았습니다.

나 자신을 어찌 할 수 없으면 어떻게 해야 할까요? 자극에 대한 반응의 시차가 너무 나고, 자극에 반응하는 신경통로의 끝에서 뇌의 편도체가 높은 경계상태를 유지하고 있다면 어떻게 하지요? 아니면 화가나는데 시간이 오래 걸리지만, 일단 화나면 자신을 멈출 수 없고, 논쟁에서 승리하기 위해 전부를 걸고 싸운다면요? 혹은 겉으로는 어떤 반응도 보이지 않고 감정을 억누르지만, 억눌린 감정들이 서서히 나의몸과 마음을 닳게 한다면? 이 모든 것들은 극단적인 감정적 성향처럼보이지만, 우리는 주변에 이런 증상들을 보이는 사람들이 있다는 것을 알고 있습니다. 우리 대부분이 이런 감정적 경험을 한 적이 있지요.

이런 감정적인 경험들을 겪고 있는 사람들을 위해 잘 듣는 간단한해결책이 있습니다. 저는 이것을 '채우는 말'이라고 부릅니다. 채우는 말은 우리가 어떤 감정적인 반응이 터질 것 같을 때 반자동적이고 생산적인 방식으로 반응할 수 있게 합니다. 이런 간섭은 뇌가 좀 더 유용한 반응 방식을 찾을 수 있도록 시간을 제공합니다. 사용하기 쉬워서 우리아이들도 잘 사용할 수 있습니다.

채우는 말은 우리가 감정적으로 힘들 때 사용하는 어구 같은 것입니다. 심장이 마구 뛰고, 온몸의 털이 바짝 일어서는 것 같고, 피가 얼굴에 몰려 얼굴이 붉게 달아오르는 것 같은 신체적 반응이 생기지요.잘 떠오르는 어구를 정하고, 자동적인 반응의 일부가 될 때까지 필요할 때마다 사용하세요. 저의 채우는 말은 "당신이 하는 말을 듣고 있어요."입니다. 이렇게 말하면, 상대방의 말에 동의하지 않고 대화의 속도를 늦출 수 있습니다. 그리고 반응하기 전에 잠깐 멈추고 생각할 시간을 벌 수 있지요. 모든 질문이나 논의에 대해 다음과 같이 대응하던 상사와 일한 적이 있습니다. 그는 "음···." 이렇게 반응하고 나서 "알겠어요."라고 말을 이은 다음에 "그것에 대해 생각해 볼게요."라고 말하고는 했습니다. 그가 그렇게 말한 다음에, 질문에 대해 생각하고 다시 답변을 했다는 것이 중요합니다. "흥미로운 관점이네요."라고 말하는 것도 좋습니다. 아이들의 경우에는 "그것에 대해 생각해 봐야겠어.", "지금은 뭐라 말해야 할지 모르겠어."라고 말하는 것도 좋습니다.

아홉 살 먹은 제 아이는 최근에 얼굴이 달아오른 채로 집으로 돌아온 적이 있습니다. 분명히 뭔가 잘 안 풀렸겠지요. 이마에서 열이 느껴져서, 괜찮은지 물었더니 "몰라요. 어떤 여자애가 오늘 나한테 와서 나를 좋아한다고 말했어요. 단순한 친구 이상으로 좋아한대요."라고 답하더군요. 저는 아이를 꼭 안아 주었습니다. 그리고 그녀에게 뭐라고 말했는지 물었더니, "잘 생각해 볼게."라고 말해 주었답니다. 예, 이 말은 제 아이의 채우는 말입니다. 은근히 기분이 좋았답니다.

마음 이론과 마음의 습관

감성지능의 남은 두 영역은 종종 타인의 감정과 관련이 있습니다. 타인의 감정을 탐구하는 것은 어려운 일이라서 더 혼란스럽지요. 사회적인 인지가 있어야 자아의 인지도 완성이 됩니다. 타인이 우리에게 가진 감정을 이해하면, 우리가 타인에게 표출하는 감정들도 이해할 수 있습니다. 우리의 마음이 타인을 이해할 수 있게 변화할 수 있다는 거지요. 이것이 바로 공감 능력입니다. 타인의 감정을 이입하는 능력은 충분한 상호작용과 경험이 축적되면서 유기적으로 발달합니다. 친구를 포함한 다양한 상대와 교류가 필요하지요.

여러 가지 정신능력들은 각각 다른 시기에 발달합니다.[1] 시각적인 작동기억은 25세 경에 정점을 찍지만, 숫자에 관한 작동기억은 10년이 더 지나서 정점에 다다르지요. 인지처리속도는 18, 19세 사이에 최고점을 찍고 나서 떨어지기 시작합니다. 타인의 감정을 읽는 능력은 40세에서 60세 사이에 정점에 이르고, 어휘력은 60~70대까지 지속적으로 발달합니다. 인지적인 능력들을 제외하면, 나이가 들어도 복합적으로 발달하는 능력들은 두뇌에 축적됩니다.

그래서 우리는 감성지능이 발달하도록 은퇴할 때까지 기다릴 수 있지요. 혹은 어휘력을 증진시키듯이 의도적으로 촉진시킬 수도 있답니다. 공감 능력이 없이 자기인식만 하는 사람은 자신이 성질이 괴팍하다는 것을 알고 있을 뿐만 아니라, 그래도 괜찮다고 생각하는 상어와 같습니다. 이런 상어가 다른 상어들을 잘 이끌고 싶다면, 공감 능력을 배양하여 사회인지를 갖게 해야 합니다. 공감 능력은 타인에게 영향을 주는 능력뿐만 아니라, 생산적인 사회적 기술을 키우기 위한 필수조건입니다.

아들의 친구 중에 엄마를 갑자기 잃은 아이가 있습니다. 빗속을 달리는 기차에서 떨어져 머리를 다쳤는데 끝내 세상을 떠났습니다. 모두가 충격에 휩싸였고, 말로 표현할 수 없는 슬픔에 빠졌습니다. 그 아이가 일주일 만에 학교에 다시 나타났을 때도 많이 놀랐지요. 물론 아이의 가족들은 큰 혼란에 빠져 있었을 겁니다. 아이를 보살피는 것도 거의 불가능했겠지요. 제 아들은 이 친구가 성가시고, 일부러 못되게 군다고 불평하고는 했습니다. "아주 못되게 구는데, 아무도 어쩌지 못해요."라고 말하기도 했지요.

어른으로서 아이의 행동을 보면, 아이가 엄청난 내적 혼란을 겪고 있다는 것을 알 수 있습니다. 하지만 아들은 이런 감정적인 점 하나하나가 연결되어 행동으로 나타나는 것을 이해하지 못합니다. 아홉 살 아이는 슬프면 우는 것이라고 생각하지요. 그런데 이 아이는 울지 않았거든요. 그저 '못되게' 행동한 거지요. 저는 아들에게 친구의 눈으로 학교생활을 바라보라고 이야기했습니다. 그리고 본 것들을 말해 보라고 했지요. 그제서야 아들은 친구에게는 아침을 챙겨주고, 머리를 빗겨주거나, 학교에 데려다 줄 엄마가 이제는 없다는 것을 알았습니다. 친구에게 익숙했던 그 모든 것들을 챙겨줄 엄마가 이제는 곁에 없다는 것을 비로소 알게 되었지요. 아들은 "아마도 이 모든 것들이 엄마가 생각나게 할 거에요."라고 슬프게 말했습니다. 누군가 대충 점심을 싸 주겠지요. 아니면, 편의점에서 샀을지도 모르겠네요. 숙제검사를 해 주고, 숙제를 도와줄 엄마가 하루 아침에 사라진 겁니다. 아이는 엄마가 더 이상 자기를 데리러 학교에 올 수 없다는 것도 알게 됩니다. 모든 것을 혼자서 해결해야 한다는 사실을 깨닫습니다. 이런 사실을 알게 된 후부터 아들은 친구를 다르게 대하기 시작했습니다. 더 기다리고, 더 이야기하면서 친구와 공감하기 위해 노력했습니다.

다른 누군가의 상황을 이해하기 위해 노력하는 것은 어렵지 않습니다. 단지 약간의 사려깊음과 이해하려는 의지가 필요하지요. 배우는 연기하는 캐릭터의 성격과 처한 환경을 이해하려고 노력합니다. 마찬가지로 우리도 누군가에 대해 생각하고, 그 사람이 이 상황에서 어떻게 느낄 지 고민해야 합니다. 어떻게 하면 아이들이 이런 생각을 할 수 있게 할까요? 자신이 다른 이라고 상상하는 놀이가 도움이 될 겁니다. "내가 제인 혹은 타잔이라면, 기분이 어떨까? 왜 이런 기분이 들까?"

▎모바일 세상에서의 사회적 관계성과 감정들

바두Badoo 가입회원은 31억 6000만 명이 넘습니다. 세계 최대규모의 소셜 미팅 앱이지요. 2012년에 회원들을 상대로 진행한 설문조사에 의하면 응답자의 39퍼센트가 오프라인보다 온라인 사교활동에 더 많은 시간을 보낸다고 합니다. 실제로 응답자의 20퍼센트는 면대면 대화보다 온라인이나 문자로 의사소통하는 것을 더 선호한다고 합니다. 그런 사람들의 수는 매일 늘어나고 있지요. 닐슨Nielsen 조사에 따르면, 한 사람이 소셜미디어 활동으로 보내는 시간은 2011년과 2012년 사이에 58퍼센트 증가했다고 합니다. 2015년에는 전 연령대의 소셜미디어 평균 사용 시간2)이 전 세계적으로 하루에 108분이었습니다. 10대들이 화면을 보는 평균 시간은 하루에 9시간3)이나 되고, 10대 초반에도 6시간이나 된다고 합니다. 잠을 자거나, 학습하거나 친구들과 교류하는데 보내는 시간보다 소셜미디어에 쏟는 시간이 더 많은 거지요. 생각하고, 지루해하고, 무언가를 만들고 꿈꾸기 위한 시간은 얼마나 남아 있을까요? 여러분도 이런 통계를 보면서 이런 생각을 했을 겁니다. "아이들이 인스타그램 풍선이나 만들면서 인생을 허비하도록 두는 부모들은 어떤 사람들이야?" 라고 말입니다. 저도 그랬거든요.

우리 모두 그런 부모일지도 모릅니다. 우리가 스마트폰을 보면서 정신줄을 놓고 있는 동안, 아이들은 버스정류장에서 스냅채팅을 하고 있는 거지요. 숙제하면서 페이스북으로 재밌게 시간을 보내지요. 토요일 아침에 늦잠자면서도 공허하게 키득키득거리면서 침대에서 나오지 않습니다.

커먼센스 미디어 Common Sense Media의 CEO이자 설립자인 제임스 스테이어 James Steyer[4]는 "디지털 변환이 10대 아이들과 교육자들, 정책입안자들, 그리고 부모들에게 시사하는 바는 엄청나게 큽니다. 한 가지만 말씀드리면, 스마트폰을 통해서 사는 삶이나 소통은 공감 능력 형성에 방해가 됩니다."라고 말합니다. "문자를 주고받는 것은 대화를 하는 것보다 감정이입이 훨씬 더 어렵습니다. 상대방의 눈을 보고, 이야기하는 것에 비할 바가 아니지요."

디지털 세상에서의 삶은 아이들의 사회 능력과 감정 능력의 발달에 큰 영향을 주고 있습니다. 사회적인 감정들은 진짜 사람들[5]과의 관계가 필요한 것이기에 가장 복잡한 것들입니다. 그래서 동정, 당황스러움, 창피함, 죄책감, 자부심, 질투, 시샘, 감사함, 존경, 분노, 모욕 등의 감정들을 탐구하고 이해하는 것은 실제적이고, 너저분하면서도 예측불가인 관계를 만들어가는 것이기도 합니다. 관계라는 것은 경험을 공유하고 대화를 하면서 형성되는 것이라는 거지요.

　아들과 가장 친한 여자아이는 바로 뒷집에 삽니다. 그렇다보니 종종 이 아이들을 파티나 행사장에 데려다 주고는 합니다. 아이들의 대화를 들을 수 있는 아주 좋은 기회이지요. 최근에는 이런 대화를 했습니다.

　여자아이: "너는 이야기책을 몇 권이나 써 봤니?"

　아들: "한 권."

　(제 아이가 겨울방학 때 손글씨 연습삼아서 위대한 마녀 만들기Making of the Grand High Witch 라는 소설을 쓴 것은 사실입니다. 이 대화가 있던 날에 선생님이 수업시간에 소리내어 읽어주셨습니다. 그래서 친구가 이렇게 물은 거지요.)

　여자아이: "별거 아니네. 나는 여섯 권 썼어. 첫 번째 이야기는 조랑말이 공주로 변신하는 내용이었고, 두 번째는 요정들이 이집트에서 사로잡혀서 감옥에 가는 내용이야. 세 번째가 가장 잘 쓴 건데…"

　여자아이는 집으로 오는 시간 동안 계속 이야기했습니다. 아이의 목소리에는 자신감이 넘쳤고 명쾌했지요. 하지만 듣는 사람이 공주, 자주색 같은 것들에 관심이 없을 수도 있다는 것을 전혀 모르는 것 같았습니다. 이 나이 때에 공감 능력은 아직 성장 중입니다. 아들은 고개를 끄덕이면서 '어… 음….' 이렇게 반응하면서 조용히 듣고만 있었지요. 대화에 끼어들고 싶은 마음을 이를 악물고 참았답니다. 아들이 요정 이야기에 정말로 관심이 있는지 궁금했습니다. 그래서 나중에 왜 친구가 이야기하는 것을 듣고만 있었는지 물어봤지요. 제가 보기에는 그 아이는 6권의 이야기책을 쓰지 않은 게 확실했거든요. 아이의 대답이 정말 기뻤습니다. "엄마가 그랬잖아요. 내가 다른 사람들한테 관심을 가지면 사람들이 나를 더 좋아하게 될 거라고요."

우리는 아이들에게 말하는 것을 가르치는데 너무 몰두한 나머지 대화는 하고 싶은 말을 하는 것 그 이상이라는 것을 잊고는 합니다. 대화를 한다는 것은 허공에 단어들을 마구 쏟아내기만 하는 것은 아니니까요. 밀레니얼 세대들은 이전 세대보다 더 자신감이 넘치고 당당하게 의견을 표현합니다. 자신들의 목소리를 잘 낼 뿐만 아니라 확실히 소셜미디어로 상호작용하면서 자신을 드러내는 것에 전혀 문제가 없습니다. 우리는 자신의 의견이나 성과를 이야기하느라고 대화를 독점하는 사람과 이야기하는 것이 어떤 기분인지 잘 알지요. 그런 사람은 그냥 아이들처럼 단순히 자기중심적이라고 할 수도 있습니다. 어떻게 보면, 어린 시절부터 의미있게 대화하는 것을 접하지 못한 것은 아닐까요?

말하기는 창피하지만 저도 사람 사이의 영향력에 관한 공부를 하면서 대화의 기술에 대해 알게 되었답니다. 영향력에 관한 원칙들에 따르면, 생각을 가지고 끼어들기 전에 사람들에게 질문하고 말하는 것을 들어주면 사람들은 더 동정적이 된다고 합니다. 물론 제 아이는 그 당시 여덟 살이었고, 언제 끼어들어야 할지 그리고 어떻게 하면 요정 이야기에서 벗어나서 대화를 공통의 관심사로 유도할지 탐색하고 있었지요.

혹시 여러분은 지금 이런 생각을 하고 있지 않나요? '쓸데없는 소

리! 내 딸이 자기표현도 못하는 인기없는 사람이 되게 할 수는 없어.'
기억하세요. 자신을 표현하기 위해서는 그 말을 들어주는 사람이 필요
하다는 것을요. 관계의 발전은 궁극적으로 '주고-받는' 대화능력에 달
려있습니다. 묻고, 듣고 그리고 나서 말해야 합니다. 요즘 저와 제 아
이는 '말하는 부분'에 대해 연습하고 있답니다.

아기가 간단한 문장으로 대화가 가능한 시점부터 진짜 대화를 시작
하세요. 짧은 대화를 하는 내내 눈을 맞추세요. 아이들은 의외로 우리
의 시선을 잘 받아줍니다. 나이가 더 들면 주변에 주의를 빼앗기기 때
문에 눈 맞추는 것에 집중하는 것이 쉽지 않습니다. 쌍방향으로 대화
를 해야 합니다. 처음에는 엄마, 아빠가 대화를 이끌어야겠지요. 아래
예를 볼까요?

엄마, 아빠: "저기 길 건너편에 아기 고양이가 보이니?"

아이: "응."

엄마, 아빠: "고양이를 전에 어디에서 봤더라?"

아이: "할머니 집에서. 까만 야옹이."

엄마, 아빠: "아기 고양이가 집에 있으면 우리집 멍멍이가 어떻게 할 것
같니?"

아이: "졸졸 따라다닐거야."

엄마, 아빠: "멍멍이가 잡아먹을지도 몰라."

아이: "아냐, 안 돼. 그럴 리가 없어. 내가 그렇게 두지 않을 테야."

아이가 더 자라면 아이가 대화를 이끌게 해야 합니다. 아이가 말할 때까지 기다리면서 말하는 순서를 꼭 지켜주세요. 모든 사람이 대화를 잘하는 것은 아닙니다. 모든 사람이 대화에 신경을 쓰는 것도 아니지요. 하지만 말하는 것에 대해 집중하고, 경청하고 생각하는 것은 문제 해결 능력과 감성지능에 있어서 아주 중요한 개념입니다.

아이들과의 대화는 마음 이론을 발달시키기 위한 시작점입니다[6]. 다른 사람들의 의도와 감정에 관한 지도를 구성하는 능력이 필요하지요. 마음 이론은 언어가 풍부해지면서 2세에서 5세 사이에 상당히 많이 발달합니다. 가족회의에 참여하는 아이들은 타인의 의도와 감정을 예상하거나 상상하는 능력이 증가한다는 연구도 있습니다[7]. 어른들과 대화를 하면 행동과 믿음에 관한 언어를 접하게 되고, 궁극적으로 어떤 사람이 믿거나 생각하는 것과 사실을 구분하는 능력이 생기게 됩니다.

만약 타잔이 제인에게 "나는 지구가 납작하다고 생각해."라고 말한다면, 제인은 그 말을 "지구가 납작하구나."라고 해석하거나, "타잔은 지구가 평평하다고 믿는구나. 그런데, 그렇지 않을지도 몰라."라고 해석할 수도 있습니다. '타잔은 지구가 평평하다고 믿는다.'는 문장과 '지구는 납작하지 않다.'라는 문장이 모두 사실이라고 이해하는 것은 굉장한 비약입니다. 이런 사회적 상호작용에서 아이들은 정보와 정보에 대한 믿음을 구분하는 것을 배웁니다. 이런 구분이 가능해지면, 믿음이 어떻게 의도를 갖게 되는지를 알게 됩니다.

샐리와 앤의 테스트 Sally-Anne test 라는 고전적인 예가 있습니다. 샐리와 앤은 방안에 함께 있습니다. 샐리에게는 바구니가 있고, 앤은 상자를 가지고 있습니다. 샐리는 구슬도 있습니다. 그 구슬을 바구니에 넣고 바구니를 수건으로 덮고 나서 방을 나갑니다. 앤은 그 구슬을 살짝 꺼내서 자기가 가지고 있는 상자에 집어넣습니다. 아이가 이 장면을 봤다면, 구슬이 지금 앤의 상자 안에 있다는 것을 알겠지요. 샐리가 구슬을 되찾기 위해 방으로 들어옵니다. 이 장면을 관찰한 아이들에게 샐리가 구슬을 찾기 위해 어디로 갈지 물으면 어떤 답이 나올까요? 행동의 목적을 아직 이해하지 못하는 아이들은 "상자 안."이라고 답하겠지요. 왜냐하면 이 아이들은 구슬이 상자 안에 있다는 것을 알기 때문이지요. 하지만 샐리는 구슬이 상자 안에 있다는 것을 모른다고 생각할 수 있는 아이들은 샐리가 바구니 안을 들여다볼 것이라고 대답할 것입니다.

대화를 통해서 행동 요인과 목적의 미묘한 차이를 접하게 하는 것 이외에 아이들의 마음 이론과 사회적 기술을 키우기 위해 무엇을 할 수 있을까요?

살인사건을 흥미진진하게 다루는 추리소설을 싫어하는 사람이 있을까요? 독자는 살인범의 정체를 밝히기 위해 많은 추측을 합니다. 살인의 동기와 목적에 대해 의문을 품고 증거를 찾기 위해 노력하지요. 소설의 뒤틀린 논리와 운명적인 관계에 관한 이야기를 조사하는 것도 사회지능과 감성지능 발달에 도움이 됩니다. 이야기를 풀어헤치는 데에 사용되는 두뇌의 연결망은 타인과의 상호작용을 다루는데 사용되는 신경망과 겹치는 경향이 있습니다. 다른 사람의 생각과 감정을 이해하기 위한 상호작용이 특히 더 그렇습니다. 이야기는 사회적 기술의 뉘앙스를 탐구할 독특한 기회를 제공합니다. 이야기를 읽으면서 우리가 범인의 욕구와 좌절을 밝혀내고, 숨은 동기에 대해 추측하고, 여러 인물들과의 만남들을 평가하게 되지요. 소설을 자주 읽는 사람들이 타인을 더 잘 이해할 수 있다는 연구도 있습니다.[8] 취학 전 아이들에게서도 같은 결과가 있었습니다. 더 많은 이야기를 읽어줄수록 마음 이론이 더 발달하고 공감능력이 더 커진다는 것이지요. 영화를 보는 것도 효과가 있기는 합니다. 그런데 아이를 TV 앞에 앉히는 것이 똑같은 효과가 있을 것이라고 생각해서는 안 됩니다. TV를 보는 것은 마음 이론을 증가시키는 결과를 만들지는 못하거든요. 그 이유는 간단합니다. 엄마, 아빠들은 아이와 함께 영화를 보러 갑니다. 영화를 본 후에 이야기의 구성과 인물에 대해 토의할 수 있습니다. 하지만 TV는 보통은 엄마나 아빠 없이 혼자 보는 경우가 많지요. 게다가 TV를 본 후에 토의를 하지는 않지요.

이런 점이 바로 '좋은 부모되기'를 좋아하는 이유입니다. 아이와 하는 모든 상호작용을 통해 아이에게 무언가를 가르칠 수 있지요. 심지어 재미있는 것을 하면서 무언가를 가르치려 하지 않을 때조차도 말입니다.

1. 컴퓨터가 충족시키기 가장 어려운 능력은 인간만이 가지고 있는 능력이다. 이런 능력에 대한 수요는 미래에 더 커질 것이다. 리더십, 동기화, 혁신 그리고 감성지능은 이미 성공을 위해 필수적인 조건이다.

2. 걸음마를 배우기 시작한 아이들이 성질을 부리는 것은 엄마, 아빠가 아이들을 이해할 수 있는 학습기회이다. 아이들의 감정을 건드리는 요인들을 이해할 수 있고, 아이들이 화내는 시간을 단축시키기 위해 데이터를 수집할 수 있다.

3. 디지털 세계에서의 삶의 방식은 아이들의 사회 능력과 감성능력의 발달에 큰 영향을 주고 있다. 행동과 동기화에 관한 대화를 통해 아이가 마음 이론과 공감 능력을 발달시킬 수 있도록 도와주어야 한다. 소설을 함께 읽고 소설 속의 인물들과 그들이 사회적 상황을 어떻게 다루는지에 대해 토의하자. 영화를 함께 본 후에 이야기의 구성과 인물들에 대해 이야기해 보자.

9장

실패는 혁신을 위한
데이터일 뿐이다

혁신과 창의성은 가르쳐질 수 있나?

> 흥미로운 문제들을 주도하고 해결하는 것!
> 미래는 두 가지를 할 수 있는 사람들의 것이다.
> 문제는 현재의 교육체계가 규칙을 준수하고, 배운 것을 인증하는 것에 관한 것이
> 라는 점이다. 무엇보다도 학생들이 순응하는 방법에 익숙해지는 것을 중시한다.
>
> ● 세스 고딘(Seth Godin), 사업가, 2014년 11월[1]

가족과 함께 싱가포르에서 런던으로 이사하기 위해 런던을 여러 번 방문했습니다. 여러 학교를 살펴보면서 조용하고 책을 좋아하지만 학업 성적은 평균 정도인 아들에게 적합한 학교를 찾아야 했지요. 입학담당자와 교장선생님에게 할 질문을 잔뜩 준비했습니다. 제가 가장 좋아하는 질문은 "학교에서 혁신과 창의성을 어떻게 가르치지요?"였습

니다.

제가 가장 좋아하는 답변은 켄트에 있는 사립초등학교의 교장의 대답이었습니다. "아주 좋은 질문입니다." 교장은 몸을 움직이면서 열정적으로 말했습니다. "어머님께 말로 설명드리는 것보다 직접 보여드리는 것이 훨씬 좋겠습니다." 열다섯 개 학교를 돌면서 들은 대답들 중에서 가장 매력적으로 들렸습니다. 10월의 추위를 견디기 위해 자켓을 입고, 서리로 뒤덮인 뒤뜰을 지나 미술실로 직진했습니다. 모든 아이들이 교장에게 "굿모닝!"이라고 합창을 했습니다. 유명 사립학교 아이들은 대개 그러하지요. 교장은 "보세요."라고 자신있게 말했습니다. "아이들은 살바도르 달리한테 영감을 받은 도구를 만들고 있습니다." 교장은 활짝 웃었습니다. "아이들이 만든 종이 드럼입니다. 드럼처럼 보이지는 않지만, 아이들이 똑똑하지 않습니까?" 사실 드럼처럼 보이지도 않았고, 소리가 날 것 같지도 않았습니다. 하지만 달리의 그림처럼 기묘하긴 했습니다.

저는 "멋지네요! 그런데 아이들이 혁신적으로 생각하는 것은 어떻게 가르친다는 거지요? 새롭고 유용한 것을 만드는 것 말입니다."라고 물었지요. 우리는 추위 속에서 먼 거리를 이동했습니다. 정말로 답을 듣고 싶었지요.

"글세요. 방금 미술 수업을 보셨잖아요. 음악 수업도 있고 연극도 배웁니다. 연극부는 화려한 연극 공연으로 유명합니다. 아주 새롭지요. 교사들도 아주 창의적입니다."

"알겠습니다. 미술, 음악, 연극을 가르치는 건 알겠는데, 혁신은 안 가르치나요?" 저는 교장을 몰아부쳤습니다. 교장은 옥스포드에서 교육학 석사 학위를 받은 사실을 아주 자랑스러워했습니다. 인생을 살기 위해 필요한 능력들을 학교가 어떻게 가르치는지에 대해 교장이 얼마나 생각하고 있는지 알고 싶었습니다.

안타깝게도 대화는 바로 마무리되었습니다. 헤어지면서 그는 "혁신은 이 모든 활동들의 부산물이지요. 솔직히 말하면 이 나이의 아이들이 혁신적이라고 기대하는 사람은 없어요. 미술에 재능이 있어 보이면, 디자인 학교에 진학하면 되지요. 저희 아이들은 대개는 문법학교[2]에 진학합니다."

이후로 '좋은', '뛰어난' 학교들을 더 방문했지만, 더 나은 답을 듣지는 못했습니다. 혁신은 창의적인 재능의 부산물로 생각하는 것이 일반적인 것 같습니다. 제가 잘못된 학교를 방문한 것일까요? 미술과 디자인에 중점을 두는 기술학교에 갔어야 할까요? 여러분은 교장의 말에 동의할 수도 있겠습니다. 제가 너무 까다롭다고 생각하시는 분도 있겠네요. 창의성 관련 과목만으로 충분한가요?

《혁신의 나라 Innovation Nations》[3]는 영국이 세계에서 가장 혁신적인 나라가 되기 위한 청사진을 준비한 백서입니다.

세계에서 가장 혁신적인 나라!

혁신은 영국의 경제적인 번영과 삶의 질을 위해 필수적이라고 주장합니다. 그렇다면 혁신적인 솔루션들이 정부, 경제와 공공서비스 영역에서 만들어져야 합니다. 혁신이 없는 공공서비스는 우리가 직면한 문제들을 해결할 수 없는 것처럼 들립니다. 백서에 따르면 교육은 모든 수준에서 혁신적이어야 합니다. 민간영역에서 개발된 효율적이고 창의적인 모델이 최상의 목적을 위해 어떻게든 활용되어야만 합니다.

변화는 천천히 일어난다는 것은 인정합니다만, 백서가 출판된 것은 이미 오래전입니다. 제 아이가 학교를 다닐 시간은 이제 8년이 남았습니다. 지금 다니는 학교는 각 학년마다 3D 프린터를 네 대씩 구매했을 뿐입니다. 새로운 기술을 접하는 것이 혁신의 기초라고 믿나 봅니다. 아이들은 강아지와 에펠 탑을 프린트하면서 신나합니다. 아들이 새로운 무언가를 가지고 집에 왔을까요? 포크나 교과서를 새롭게 사용하는 방법이라도 알아냈을까요? 새로운 문제를 새로운 방식으로 해결할 과제라도 받았을까요? 아이는 문제해결을 위한 공식이라도 받았을까요? 아닙니다. 전부 아닙니다. 기술은 혁신을 실천에 옮기게 할 수는 있겠지만, 새로운 아이디어에 불을 당기는 스파크는 다른 곳에서 발생합니다.

우리는 테슬라, 막스 앤 스펜서, 월마트, 맥킨지, 머서스, 머스크와 같은 기업들에게 무언가를 계속 만들어야 한다고 말할 필요가 없습니다. 그들의 고민은 더 이상 단순히 혁신을 통해 문제를 해결하는 것이 아닙니다. 유용한 상품이나 솔루션을 생산해 내고, 이런 솔루션에 대한 필요를 창출함으로써 매출을 올려야 합니다.

혁신하는 기업들은 예술가와 산업디자이너들로 꽉 차 있고, 다양한 배경과 영역에서 온 재능있는 사람들이 넘쳐납니다. 혁신하는 방법을 배운 사람들이지요. 혁신은 운전하거나, 회계프로그램을 사용하는 것과 같은 방식으로 습득하는 능력입니다.

공공영역에서 기업의 혁신 모델을 도입해야 한다고 제안한 것은 합리적인 출발점입니다. 꽤 명쾌해 보입니다. 밖으로 나가서 찾아낸 혁신 실행모델을 열두 살 된 아이들이 있는 교실에 적용하라는 것이지요. 아이들에게 그 모델을 가르치고, 실험하게 하고, 아이들이 만들어 내는 것들에 대해 점수를 매기라는 겁니다. 작문 에세이를 채점하거나 정직함, 책임감, 존경심 같은 것을 가르치고 점수를 매기듯이 말입니다. 이것이 가능할까요? 가능하더라도 정말로 이렇게 단순할까요?

여러분은 고개를 저으면서 이렇게 말할지도 모릅니다. "이봐요. 선생님, 중요한 점을 놓치고 있는 것 같아요. 나는 그렇게 창의적지 못해요. 제 배우자도 그렇고. 그러니 우리 아이가 창의적이지 않은 것은 놀랄 일이 아니에요. 아무래도 창의성에 관한 이 부분은 그냥 건너 뛰어야겠어요."

▮ 서두르지 마세요.

저는 여러분의 아이에 대해 잘 모릅니다. 하지만 여러분이 아이를 어떻게 생각하는지는 조금 알 거 같습니다. 아이가 전혀 창의적이지 못하고, 혁신적이지도 못한다고 생각하는 것이지요? 저는 그 생각이 98퍼센트의 확률로 틀렸다고 자신있게 말할 수 있어요. 여러분 모두 태어날 때부터 창의적이었다고 말하고 싶네요. 저도 마찬가지고요.

1960년대 조지 랜드George Land 박사는 NASA의 의뢰를 받고 가장 창의적인 엔지니어와 과학자들을 선별하기 위한 테스트를 고안했습니다[4]. NASA는 테스트 결과와 테스트를 통해 알게 된 것에 대해 아주 만족했습니다. 랜드 박사에 따르면 테스트는 아주 쉬워서 아이들도 쉽게 할 수 있을 정도였다고 합니다. 실제로 아이들을 상대로 해 봤습니다. 동일한 시험문항을 이용하여 5세가 된 1600명의 아이들을 대상으로 타고난 창의성 수준을 테스트했습니다. 이 실험이 특히 가치가 있는 것은 동일한 아이들이 10세가 되었을 때, 그리고 15세가 되었을 때 다시 테스트했다는 점이지요. 그 결과는 가히 충격적이어서 오늘날에도 반향을 일으킬 만했습니다.

가장 높은 수준의 창의성을 가지고 있을 것이라고 추정되는 비율은 나이대별로 다음과 같습니다.

- 5세 아이들: 98퍼센트
- 10세 아이들: 30퍼센트
- 15세 아이들: 12퍼센트
- 동일한 테스트를 받은 성인 28만 명: 2퍼센트

각 연령집단이 정확히 동일한 테스트를 받았다는 점을 기억해 주세요.

랜드 박사는 '창의적이지 못한 행동은 학습된다.'라고 결론내렸고, 이 결론은 현재도 유효해 보입니다. 실험결과는 설득력이 있을 뿐만 아니라 직관적입니다. 창의적이지 못한 행동이 학습될 수 있다면, 덜

어쓰기처럼 지울 수도 있지 않을까요?

우리는 아이들이 학교에 순응해야 한다는 것을 알고 있습니다. 밑그림에 그려진 선 안에만 색을 칠해야 하고, 가르쳐준 방법만을 이용해서 수학과 과학 문제를 풀어야 합니다. 직접 생각해 낸 더 좋은 방법이 있어도 말입니다. 인생을 살다보면, 지금은 상상하지도 못했던 문제들과 마주하게 됩니다. 어떻게 하면 아이들이 다양한 능력들을 마음속에 쌓아두었다가 필요할 때마다 새로운 방식으로 유용하게 꺼내어 쓰게 할 수 있을까요? 어떻게 하면 창의력 창고를 만들 수 있을까요?

가장 첫 번째로 할 일은 창의력 주스를 어떻게 뽑아낼지 가르치지 말고, 새로운 무언가를 만들 때 필요한 능력을 스스로 키우게 하는 겁니다. 이것이 마음의 탄력성입니다. 마음의 탄력성은 성공적으로 그리고 반복적으로 실패하는 기술입니다.

'잘' 실패하는 법

> 어떤 문화권에서는 발버둥치는 것을 무언가를 배우고 있다는 신호로 받아들이지만, '나는 멍청합니다'라는 신호로 보는 문화권도 있다[1].
>
> ● 제임스 더블유 스티글러 박사(Dr James W. Stigler), UCLA

실패하는 방법을 가르쳐 준 사람이 있었나요? 엄청난 패배의 황폐함 속에 뿌려져, 어디에 있는지 알 수 없는 성공의 씨앗을 찾는 방법을 가르쳐 준 사람이 있나요?

우리는 아이들이 성공하기 위해 필요한 것을 참 부지런히 가르칩니다. 그런데 실패하기 위해 필요한 것들도 가르치고 있나요? 그냥 건성으로 지나치지는 않았나요? 실패를 극복하는 것은 생존 기술입니다. 우리가 구체적으로 가르쳐주지 않더라도, 아이들은 말을 배우는 것처럼 그리고 세상에 대해 배우는 것처럼 실패를 배우게 될 것입니다.

저는 아프리카에 있는 농장에서 자랐습니다. 과수원과 소나무 숲 그리고 끊임없이 이어져 있는 언덕 위를 남동생과 누비며 다녔습니다. 배고프거나 날이 어두워지면 집으로 돌아왔지요. 열네 살에 조랑말 타는 것을 졸업하고, 진짜 말을 타기 시작했습니다. 불타는 듯한 갈기를 가진 모나리자가 우리집 마굿간에 도착했습니다. 모나리자는 멋진 말이었습니다. 근육은 밧줄이 꼬여있는 것처럼 선명하게 보였고, 피부는 동전처럼 빛났습니다.

하지만 우리의 관계는 시작부터 순탄치 않았습니다. 저는 실내 연습장에서 노는 것을 좋아했지만, 모나리자는 밖에서 달리는 것을 좋아했지요. 모나리자는 실내에서 제가 올라탈 때마다 저를 떨어뜨리려 했습니다. 말에서 떨어질 때 기수는 무엇을 해야할까요? 다시 올라타야 합니다. 계속해서 말이죠. 승마를 하는 사람들은 다 아는 것이죠. 여러 번 계속 떨어지게 되자, 화가 많이 났습니다. 결국 모나리자가 뒷다리로 발을 구르면서 제 몸이 모나리자의 머리쪽으로 날아 갔습니다. 그리고는 점핑펜스의 크로스바에 부딪치고 말았습니다. 코가 깨지고, 신경도 다쳤습니다. 그 순간에도 제가 할 수 있는 유일한 전략은 다시 말을 타는 것뿐이었습니다. 하지만 저는 그러지 않았습니다. 모나리자는 다른 곳으로 팔려갔고, 다시는 말을 타지 않았습니다.

제 페이스북에는 없는 이야기입니다. 해피엔딩도 아니고, 적에 대항한 승리도 아니고, 다른 사람들에게 영감을 주는 교훈도 없습니다. 이 일을 계기로 제 부모님은 실패를 다루는 것에 대해 가르쳐주었습니다. 일어서서, 먼지를 툴툴 털고, 다시 말에 올라타는 것입니다. 아이러니하지만 부모님이 저에게 잘 실패하는 법을 미리 가르쳐주셨다면, 그러한 실패를 경험하지 않았을 것 같습니다. '잘 떨어지는 법'을 알았다면, 말에서 떨어진다고 말타는 것을 그만두지는 않았을 테니까요. 단지 과정의 일부이고 도전할 만한 것이었겠지요.

알 수 없는 미래를 향한 여행에서, 아이들은 새롭고 흥미로운 방식으로 넘어지고 실패할 것입니다. 창의성에 대한 시도는 판단을 받을 것이고, 혁신적인 시도는 받아들여지기도 전에 거부될 것입니다. 가장 재능이 많고 가장 자원이 많은 아이들이 실패하기 쉽다는 것은 참 이상한 일입니다. 뉴욕시의 유명 사립학교인 리버데일 컨츄리 스쿨 Riverdale Country School의 교장인 도미닉 랜돌프 Dominic Randolph는 이렇게 말합니다[2]. "살면서 쉬운 시간을 보낸 아이들, SAT 시험에서 800점 이상을 받은 아이들이 걱정입니다. 그런 아이들은 모든 것에 대해 좋은 평가를 받습니다. 그래서 우리는 아이들이 앞으로 겪게 될 실패를 준비해야 합니다. 갑자기 힘든 순간에 직면하면, 솔직히 말해 어찌할 바를 모르게 됩니다. 성공만 하는 아이들은 그런 실패를 다룰 능력을 키우지 못합니다."

▪ '잘 실패하는 것'은 부모와 함께

실패는 여러분에게 무엇을 의미하나요? 피해야 할 어떤 것인가요? 생각하고 싶지 않은 것인가요? 남 탓을 해야하는 것인가요? 너무 고통스럽고 창피해서 말하고 싶지 않은 것인가요? 항상 변명거리를 찾아야 하는 것인가요? 아이들은 여러분이 자신의 실패에 대해 탐구하는 것을 본 적이 있나요? 혹은 실패 뒤에 남은 악영향과 상처만을 보았나요?

아래 빈칸을 채워보세요. 여러분이 실패와 어떻게 관계를 맺고 있는지 살짝 볼까요?

가장 공개적으로 드러난 실패는 _____

_____ 이다.

가장 충격이 컸던 실패는 _____

_____ 이다.

가장 고마웠던 실패는 _____

_____ 이다.

나의 성공에 가장 중요했던 실패는 _____

_____ 이다.

아무것도 적지 않는 사람도 있을 것 같습니다. 사실 이런 질문에 답을 적는 사람은 아주 소수일 것입니다. 실패에 대해 이야기하는 것은 생각만으로도 불편하기 때문입니다. 실패의 기억을 글로 적는 것은 그 기억을 더 구체적으로 만들지요. 성공한 경험에 대해 물었다면, 한바닥을 꽉 채우느라 펜을 열심히 굴렸겠지요. 이 질문들에 대해 이미 준비된 답이 있다면, 여러분이 그 실패들에 대해 생각해 본 적이 있고, 통제가 불가능한 잠재의식 속에 묻어두지 않았다는 뜻이지요. 실패를 통해 배운 교훈에 대해서는 묻지 않겠습니다. 좌절을 통해 우리가 필요한 것들을 이미 취했을 테니까요. 그렇지 않다면 우리는 같은 방식으로 반복적으로 실패할 것입니다. 실패도 우리 자신에게 중요하다는 것은 의심의 여지가 없지요. 그럼에도 불구하고, 우리는 아이들을 실패로부터 보호하기 위해 안간힘을 씁니다.

매들린 레빈Madeline Levine 박사는 그의 저서에서 '부모들은 실패를 아이들이 극복하고 성장할 수 있는 기회가 아니라, 고통의 근원으로 생각한다.'라고 말합니다[3].

프린스턴 대학교에서 심리학을 가르치는 요하네스 하우스호퍼Johannes Haushofer 교수에 의하면 학생들은 실패를 지극히 개인적으로 받아들인다고 합니다. 예를 들면 링크드인에 이력서를 올려 놓으면, 누구든 여러분이 얼마나 많은 것을 이루었는지 알 수 있지요. 페이스북도 마찬가지입니다. 하지만 이런 것들은 여러분의 삶에서 일부일 뿐입니다. 어느 누구도 실패한 경험, 좌절의 순간들을 공개하려 하지 않습니다. 다른 모든 사람들이 나보다 더 성공적인 삶을 사는 것처럼 보이는 것이 당연합니다. 성공하지 못한 것 때문에 걱정하는 친구를 위로하기 위해 하우스호퍼 교수는 자신의 '실패 이력서'를 만들었습니다. 실패 이력서에는 거절된 연구논문이 하나하나 담겨있습니다. 합격하지 못한 학위과정들도 포함되어 있고, 연구지원금을 받는데 실패한 것들도 있지요. 이런 새로운 의미의 이력서는 아주 인기가 많았고 사람들에게 많은 생각을 하게 했지요. 하우스호퍼 교수는 2016년 초에 모든 사람들이 볼 수 있도록 온라인에 공개했습니다. 마지막에 메타-실패meta-failure 라는 주석을 달고 다음과 같이 말했습니다. "이 빌어먹을 실패 이력서가 그동안의 어떤 연구보다도 훨씬 더 많은 주목을 받았다."4)

실패를 학교 교과목처럼 생각해 볼까요? 나이와 성숙도에 따라 적용될 수 있는 학습계획처럼 생각하면 도움이 될 것 같네요. 예를 한번 들어보겠습니다.

| 과목: 실패

| 학습목표: 잘 실패하기 위한 전략을 수립해 봅시다.

| 과목과 관련된 주제들: 혁신, 성취, 자기존중, 인생

| 학습시기

- 학습은 수시로 진행될 수 있습니다.
- 아이가 다음과 같은 현상들을 경험하고 있을 때 할 수 있습니다. 좌절, 눈물, 강한 언어적인 표현, 기분의 급격한 변화, 친구들로부터 따돌림, 비정상적인 침묵, 낮은 자존감

학습계획

1. 아이에게 "실패가 뭐지? 예를 들어줄래?"라고 질문합니다.

2. 아이의 설명과 예를 경청하고, "실패도 정보다."라고 부드럽게 조언합니다.

   그리고 나서 아래와 같이 설명해주세요.

   "실패는 성공으로 진행하기 위해 필요한 데이터이자 중요한 투입값이에요. 성공이 케이크라면, 실패는 아주 중요한 재료입니다. 하지만 우리는 실패가 어떤 맛있는 것의 중요한 성분이라고 생각하지 않습니다. 설탕처럼 달콤하지도 계란을 깨는 것처럼 재미있지도 않으니까요. 실패는 오히려 다른 재료들과 상호작용하여 케이크가 부풀어 오르게 만드는 베이킹 파우더에 더 가깝습니다. 아무리 설탕, 밀가루, 계란이 많이 있더라도 베이킹 파우더 한 스푼이 없으면 케이크가 아니라 곧바로 쓰레기통을 직행할 돌덩어리를 만들 뿐이니까요."

실패에 대한 우리의 과제

실패가 학교 과제라면 부모와 아이 모두 좋은 점수를 받고 싶어할 것입니다. 이 과목은 생각하는 것보다 더 힘든 과목이 될 것입니다. 아이들의 어린 시절에 겪는 실패에 우리가 어떻게 대응하는지에 따라 아이들의 마음 탄력성과 잘 실패하는 능력은 큰 영향을 받을 것입니다. 이 부분에 있어서 여러분의 육아능력은 몇점이나 되나요?

잘 모르겠다면, 아래 질문들에 답을 해보세요. 가능한 한 객관적으로 점수를 매기세요. 0점부터 시작합니다.

- 당신은 아이가 개인적인 실패를 경험할 때, 그 영향으로부터 아이를 보호하기 위해 실패의 원인을 제거하나요? –2점
- 당신은 아이가 다시 기분이 좋아질 수 있도록 하기 위해 실패를 임시적으로 성공으로 둔갑시키나요? –2점
- 당신은 아이가 실패의 원인을 찾게 하고, 아이가 어떻게 원인을 찾을 수 있는지 인도하나요? +5점
- 아이가 실패의 원인을 찾는데 오래 걸리면, 그 원인을 아이에게 찾아주나요?(이유: 시간이 너무 지나서, 인내심이 다해서, 아이가 다시 기분이 좋아지게 하기 위해서 등) –5점
- 실패의 원인이 밝혀지면, 아이가 자신의 말로 그 잘못이 어떻게 실패로 이어졌는지 설명할 수 있나요? +5점
- 당신은 아이가 실패를 견디고 다시 기분이 나아지게 하기 위해 그 잘못을 고치는 방법을 아이에게 말해 주나요? –5점
- 당신은 다른 사람의 잘못을 지적함으로써 아이가 그 잘못에 대해 남 탓 하는 방법을 가르치나요?(예시: 네가 만든 레모네이드를 아무도 사지 않은 것은 너의 잘못이 아니야. 이 동네 사람들은 모두 이기적이구나.) –10점
- 당신은 아이가 실패로 이어진 단계들을 구성하게 도와주고, 결과를 변화시킬 수도 있었던 중요한 지점을 찾게 하나요? + 10점

남은 점수가 플러스라면 축하합니다. 대부분의 부모들은 '아이들에게 잘 실패하는 법 가르치기'라는 과목에서 좋은 성적을 거두지 못합니다.

사례연구: 레모네이드 판매대

지미는 매치어택스 축구 카드 열 통을 사고 싶어 합니다. 그런데 용돈은 다 떨어졌습니다. 생일 축하금도 스타워즈 레고세트를 사느라고 다 써버렸습니다. 하지만 뒤뜰에 큰 레몬 나무가 있고, 창고에는 설탕 1킬로그램이 있습니다. 탄산수에 레몬과 설탕을 섞어서 금요일 오후 4시에 근처 운동장에서 아이들에게 판매했습니다. 지미는 영리하게도 시식용 레모네이드를 너무 많이 제공하면, 구입해 마실 필요가 줄어들어 실제 구매량은 줄어들 것이라는 것을 알고 있습니다. 지미는 친한 친구 두 명에게만 시식용 샘플을 주었다. 친구들은 샘플을 마시고 별 말없이 그네를 타러 갔습니다. 한 엄마는 지미가 가여워 레모네이드 한 잔을 샀지만, 마시지는 않았습니다. 딱 거기까지였습니다. 레모네이드를 사는 사람은 더이상 없었습니다. 지미는 좌절해서 눈물을 머금고 집으로 돌아왔습니다. 아빠에게 땡볕에서 얼마나 힘들었는지 말했습니다. 지미는 모든 면에서 잘했는데, 뜻대로 되지 않았다고 생각했습니다. 지미는 아빠에게 용돈을 더 달라고 말하는 것 대신에 자기주도적으로 계획을 세우고 문제를 해결하려 했으나, 이제는 다시 투자할 돈이 없다고 합니다. 납작해진 레몬도 다시 사용할 수 없다고 말합니다.

여러분이 지미의 아빠라면 무엇을 해 줄 수 있을까요? 그동안의 시도와 노력만으로 아이를 자랑스러워할 수도 있겠지요. 그에 대한 보상으로 용돈을 더 줄 수도 있습니다. 설탕 값을 제할 수도 있겠네요. 지미도 투입비용에 대해 알아야 하니까요.

만약 이렇게 마무리를 한다면 지미는 나중에 있을 더 큰 실패를 해결할 수 없을 것입니다. 실패는 가장 풍요로운 데이터일 수는 있지만, 어떤 상황에 뽑아내어 쓸 수 없다면, 무용지물입니다. 이런 데이터가 우리에게 무엇을 말하고 있나요? 우리는 어떻게 하면 지미가 이 데이터를 최대한 활용하도록 도울 수 있을까요? '지미에게 이번 일로 무엇을 배웠는지 물어보는 것.'은 답이 아닙니다. 굳이 우리의 질문이 아니더라도 지미는 친구에게만 의지해서는 안 된다는 것쯤은 알 것입니다.

▮ 실패라는 과목에서 'A'학점 받기

아이가 실패하면 그 실패와 관련한 변수들에는 무엇이 있었는지 이해하게 도와주어야 합니다. 앞서 이야기한 레모네이드 사례와 같은 상황에서 지미가 알아야 하는 변수는 어떤 것이 있을까요? 판매시간, 요일, 레모네이드, 판매대의 위치, 맛을 본 사람들, 가격, 아이들이 가지고 있던 용돈 등이 있겠네요.

지미로 하여금 각각의 변수들을 최종 목표와 관련지어서 생각하게 해봅니다. 우선 최종 목표는 운동장에 있는 아이들에게 레모네이드 한잔씩 파는 것이겠군요.(그냥 마시게 하는 것이 아닙니다.)

지미가 실패하지 않기 위해 알아야 할 주요 변수의 주요 내용은 아래와 같습니다.

- 판매시간: 아이들은 스쿨버스를 타고 오후 3시 30분쯤 집에 도착합니다. 아이들은 대개 간식을 먹고 나서 찬물을 가득 담은 물병을 가지고 운동장에 나옵니다. 싱가포르의 날씨는 아주 더우니까요.
- 판매대의 위치: 운동장 안이고 아주 잘 보입니다.
- 맛을 본 사람들: 아주 형편없어도 친구의 기분을 상하게 하고 싶지 않기 때문에 아무말도 하지 않았습니다.
- 현금: 아이들은 현금을 가지고 다니지 않습니다. 아이들은 지미가 불특정 금요일 오후에 레모네이드 가판대를 세울 것이라는 것을 몰랐습니다. 보모들과 부모들은 동네 공원에 지갑을 가지고 나오지 않습니다. 미지근한 50센트짜리 레모네이드를 사기 위해 지갑을 가지러 아이들을 데리고 집에 돌아가지도 않지요.

지미는 이런 각각의 데이터를 어떻게 처리할 수 있을까요? 지미는 가판대에서 성공적으로 돈을 벌기 위해 어떤 변화가 필요한지 생각할 수 있을까요? 지미 아빠는 용돈을 주면서 아이의 고통을 덜어줄 수도 있습니다. 아니면 지미가 프로젝트가 실패한 원인 분석을 위해 진단표를 만들도록 도와줄 수도 있습니다.

아이들에게 작은 '창업' 실패를 진단하고 이해하도록 북돋아주세요. 살면서 나중에 반드시 찾아올 더 큰 실패를 다룰 능력을 갖추게 될 것입니다. 아이들이 더 좋은 결정을 내리게 코칭하는 것은 이미 다루었지요. 과거의 실패들을 꼭 수정할 필요는 없습니다. 지미는 음료를 파는 것은 자신과 맞지 않는다고 결정하고 용돈벌이를 위해 세차하는 것을 택할 수도 있습니다.

∷ 실패의 두려움

실패가 앞으로 활용이 가능한 풍부한 데이터의 원천이라면, 두려움은 이런 데이터를 올바르게 읽는 능력을 망가뜨리는 가상의 바이러스입니다. 실패한 경험으로부터 성장하는 아이들의 능력을 방해하는 두려움이 끼치는 악영향을 살펴봐야 합니다. 그래야 실패에 대한 학습계획은 완전해집니다. 두려움은 현재 혹은 미래의 위험을 인지하면서 생기는 자동적인 반응입니다. 그러한 자극에 대해 우리 몸은 적합한 혹은 학습된 반응을 하게 됩니다. 인간과 동물은 적절하게 조건화가 되면 어떤 것에 대한 두려움을 학습할 수 있습니다. 그건 실제일 수도 망상일 수도 있지요. 공포반응은 다른 대부분의 본능보다 더 강합니다. 먹이를 먹을 때 마다 전기충격을 받은 실험실 쥐는 결국에 먹는 것을 멈추고 굶어 죽습니다. 실험실 쥐는 영양실조의 결과에 대해 잘 몰랐겠지요. 공포를 완화시키는 단기생존전략 본능이 발동한 것입니다.

제 아이는 상상력이 풍부합니다. 제 상식으로 잘 이해가 되지 않는 경우가 많습니다. 아이가 토성의 띠를 지구의 에너지원으로 전환시킬 수 있는 기묘한 기계장치를 생각해 내면, 저는 바로 "토성은 너무 멀지 않니?"라고 지적합니다. 또 "토성의 띠가 어떤 물질로 구성되어 있는

지도 모르고, 게다가 인류는 아직 다른 별을 착취하고 싶지는 않을거야."라고 말하기도 하지요. 나쁜 엄마네요. 저도 알고 있습니다. 하루종일 비판적 사고에 대해 이야기하고, 리스크 분석과 각종 시나리오 분석을 한 경험이 제 핏속에 흐르고 있습니다. 시간이 흐르면 아이는 자신의 이론을 엄마가 인정할 수 있게 더 발전시킬 것입니다. 엄마가 이해할 수 있을 정도로 잘 알려진 것들을 이용해서 실용적인 개념을 제시하겠지요. 아이는 엄마가 자신의 생각과 아이디어에 관심을 갖기를 바라거든요. 아이의 생각이 더 현실적으로 바뀌면 바뀔수록 덜 독창적이고 창의력이 떨어질 수도 있습니다. 그렇다면 실용적이고 가능성이 있는 것들만을 탐구하도록 강요하는 것이 정말로 아이를 도와주는 것일까요? 창의력에 대한 공통의 장애물을 한번 보도록 하죠.

- 판단에 대한 두려움
- 거절에 대한 두려움
- 변화에 대한 두려움
- 실수하는 것에 대한 두려움
- 실패에 대한 두려움
- 미지의 것에 대한 두려움
- 멍청해 보이는 것에 대한 두려움
- 남들과 다른 것에 대한 두려움

이런 장애물들 중에서 태어나면서 가지고 있는 것은 몇 개인가요?

맞습니다. 태어날 때부터 갖고 있는 것은 생존에 관한 것들뿐입니다. 위험, 배고픔, 그리고 고립의 공포 같은 것들이지요. 다른 모든 것들은 학습됩니다. 우리는 아이들에게는 최초이자 가장 영향력있는 선생님입니다. 이런 대부분의 공포들을 가르친 사람이 바로 우리 자신입니다. 공포의 수준을 높여 살면서 겪게 되는 모든 형태의 해로운 것들로부터 아이들을 보호하려는 것입니다. 예를 들면 개를 무서워하게 가르치면 개한테 물리지는 않겠지요. 낯선 사람들을 두려워하게 되면 납치될 가능성이 낮아질 것입니다. 제가 아는 어느 싱글맘은 아이에게 바다는 무서운 존재라고 가르쳤습니다. 그래서 아이는 바닷가에서 친구들과 서핑하는 것을 무서워하게 되었습니다.

실패에 대한 공포는 교실에서 억제의 효과가 있습니다. 정답을 맞추기 위해 더 발버둥 칠수록 아이들은 실패를 더 두려워하게 됩니다. 특히 서양에서는 "힘겹게 바둥거리는 것은 똑똑하지 않다는 것을 보여주는 것과 같다."라고 짐 스티글러Jim Stigler UCLA 심리학과 교수는 말합니다[5]. 스티글러 교수는 계속해서 "이것은 능력이 부족하다는 신호입니다. 똑똑한 사람들은 바둥거리지 않습니다. 태어날 때부터 똑똑하니까요. 이게 바로 우리가 오래전부터 갖고 있는 믿음입니다."라고 말합니다. 스티글러 교수는 실패와 바둥거림에 대한 서양의 전형적인 접근법과 유교적 전통의 접근법을 비교합니다. 유교문화권에서 발버둥치면서 무언가를 하는 것은 학습과정의 필수요소이고 정신적인 강인함의 척도입니다. 브라운 대학교 진 리Jin Li[6] 교수는 스티글러 교수의 관점을 지지하지만, 학업적인 우수성을 문화에 따라서 어떻게 다르게 보는지에 대해 이야기합니다. 진 리Jin Li 박사는 지능은 타고나는 것이다는 서양의 관점과 지능은 아이들이 무엇을 하는지에 따라 결정된다는 동양적 관점을 비교합니다. 바둥거리며 무엇인가를 하는 것과 실패를 어떻게 다루는지도 그 일부입니다. 동양적인 관점에서 공부에 어려움을 겪는 경험은 학습과정의 일부일 뿐만 아니라, 지능을 형성하는 과정이라는 분석입니다.

어떤 식으로든 아이들에게 바둥거리면서 노력하는 일이 능력 부족 탓이라고 가르친다면, 아이들이 실패에 대해 어떻게 접근하는지에도 영향을 줄 수밖에 없습니다. 반면에 바둥거림이 강인함의 증거라면, 아이들은 더 열심히 할 것이고 끝까지 해낼 것입니다.

싱가포르에서 교육학을 연구하는 마누 카푸Manu Kapur 교수[7]는 '실패가 그렇게 강력한 선생님이라면, 왜 실패하기를 기다리는가? 학생들이 실패함으로써 배울 수 있는 상황을 의도적으로 만드는 것은 어떤가?'라고 주장합니다. 생산적인 실패productiver failure라고 명명된 이 특이한 접근법에 대한 옹호 목소리는 점점 더 커지고 있습니다. 이 방법은 전통적인 교수법의 대척점에 서 있지요. 전통적인 교수법은 학생들이 이론적으로 배운 것을 그대로 수행하도록 합니다. 이런 방법은 긴 관점에서 볼 때 필수적으로 필요한 두 가지, 즉 호기심과 도전정신을 부족하게 만들지요.

생산적인 실패의 접근법을 사용하면, 학생들에게는 답을 모르는 문제가 주어집니다. 그 문제에 대해 연구할 수 있는 시간도 주어지지요. 학생들은 다양한 솔루션을 개념화하고 시도해 봅니다. 이런 접근법은 문제와 해결책에 대한 호기심을 증진시킵니다. 물론 기존에 알고 있었던 사전지식을 이용할 수 있지요. 이를 통해 지금 다루고 있는 문제를 이해하게 됩니다.

카푸 교수는 그의 연구에서 이런 식으로 문제를 뒤에서 앞으로 제시하면 더 깊고 유연한 학습이 가능하다는 것을 보여주었습니다. 새로운 지식과 기존의 지식을 결합하고, 도전 과제를 해결하기 위해 노력하면, 최종 해결책뿐만 아니라 문제를 더 심도있게 이해하게 된다고 주장합니다. 물론 실제 해결책이 무엇인지에 대한 호기심도 생기게 됩니다. 생각해 보세요. 여러분이 해결할 수 없는 문제에 대해 연구하다 보면, 답도 알고 싶어지지 않을까요? 마지막 부분에 주어지는 기분좋은 보상이 없을 수도 있습니다. 하지만 이 방법은 생각이 지속되게 하고, 무엇인가에 연구하는 능력을 증진시킵니다.

작은 실패가 결국에는 더 오래 간다는 것을 믿을 수 없나요? 이론물리학자인 에드워드 텔러Edward Teller의 손자이자 혁신가인 아스트로 텔러Astro Teller의 말을 기억하세요.

"실패를 두려워하는 것은 이룰 수 있는 성공이 유리천장에 갇혀 있는 것이다."

똑같은 프로젝트를 여러 번 실패하는 것은 구글이 성공할 수 있는 중요한 요소입니다. 그래서 '성공적으로' 실패하는 문화를 만드는 것이 아스트로 텔러가 가장 중요하게 생각하는 일입니다.

다음에 여러분의 아이가 캠핑에 나가서 텐트를 치기 위해 바둥거리면 서두르지 말고 아이를 도와주세요. 아이에게 약간의 조언만 하고,

아이의 질문에 대답할 준비를 하세요. 혹은 아이가 오디션 프로그램에서 떨어졌다면, 실패로 연결됐던 단계들을 분석하게 도와주세요. 뭔가 다른 것을 할 수 있었거나 다른 결과를 낼 수도 있었던 중요한 지점을 찾을 수 있게 도와주세요.

> 나는 실패하지 않았다. 전구가 켜지지 않는 1만 가지 방식을 알아냈을 뿐이다.
>
> ● 토마스 에디슨(Thomas A. Edison)

발명가가 되는 법

> 현대 인류의 라이프스타일은 정치적인 산물이 아니다. 1700년 이전에는 모두가 가난했고, 삶은 짧고 황폐했다. 그 때부터 우리는 발명을 시작했고, 전기, 증기기관, 마이크로 프로세서를 만들어냈으며, 유전학과 의학 같은 학문을 연구했다. 안정감과 교육이 중요하다는 것을 부정하지 않는다. 그러나 혁신이야말로 진보를 이루어내는 진정한 동력이다.
>
> ● 빌 게이츠(Bill Gates)《롤링 스톤Rolling Stone》2014년 3월호

생산적인 실패뿐만 아니라, 혁신의 방법을 만들어내야 합니다. 아이들이 새로운 무언가를 만들게 하는 구조적인 방식이 필요하지요. 발명가의 도전정신이 있어야 합니다. 어떻게 하면 아이들을 발명가처럼 키울 수 있을까요? 새로운 것을 발명하는 과정을 상상해 보세요. 그리고 여기에 여러분의 생각을 적어보세요. 부끄러워하지 말고 생각나는 것들을 적으세요. 보는 사람도 없잖아요.

여러분의 방법을 한번 볼까요?

어떤 문제를 알아내는 것부터 시작하나요? 다음은 해결책을 찾는 브레인스토밍을 하는 것인지도 모릅니다. 아니면 밖으로 나가서 정보와 데이터를 수집하는 일일 수도 있겠군요. 어떤 모형을 만들고는 조금씩 반복적으로 고쳐서 특허를 내는 것으로 마무리 되겠습니다. 제 짐작이 맞나요? 전부는 아니라도 어느 정도 비슷할 것 같습니다.

선천적으로 창의적인 아이들은 다른 사람들이 보기에 놀라운 일들을 잘할 것입니다. 외향적이고 인기가 있는 아이들도 마찬가지입니다. 실제로 좋은 아이디어, 즉 천재적인 번뜩임을 찾아내는 과정은 흔히 브레인스토밍의 일부처럼 되어 있습니다. 아이의 손을 잡고, "이게 어떤 새로운 생각을 하는 방법이야."라고 말하는 방식으로 접근해서는 절대 안됩니다. 우리에게 필요한 건 "계속해 보렴. 뭔가를 만들어내 봐. 아주 이상해도 상관없어. 크게 생각해 봐." 이런 식이 아닐까요? 우리가 중학교를 다니던 시절에는 새로운 아이디어들과 기술들에 많이 노출되지 않았지요. 남들과 다르면서 폭넓게 생각하는 것은 상당히 괴로운 과제였습니다.

저와 함께 일하는 사람들은 대부분 비슷합니다. 자신들의 아이디어가 사내 정치나 상사의 거절에 의해 묵살된 적이 많지요. 제가 아시아의 한 대형 은행에서 시스템 사고에 대해 가르치면서 똑똑하고 두뇌회전이 빠를 뿐만 아니라 여러 사람과 일도 잘하는 젊은 친구를 만난 적이 있습니다. 타고난 리더는 언제 무리 앞으로 나가서 팀을 이끌어야 하는지 타이밍을 잘 압니다. 그런데 이 친구는 아니었습니다. 그는 분명히 인기가 많고, 남들보다 빨리 승진했습니다. 그런데 사람들과 함께 결정적으로 어려운 문제를 해결할 시간이 오자, 그는 팀에 양해를 구하고 팀 밖으로 갑자기 나와버렸습니다. 엘리베이터 로비에 앉아서 혼자 솔루션을 찾기 위해 궁리했던 것입니다. 그의 행동에 대해 호기심이 생겼습니다. 동시에 그가 어떤 해결책을 들고 올지 보고 싶었습니다. 그가 팀을 떠나 로비로 나간 것은 자만심 때문이었을까요? 팀에 대한 불신 때문이었을까요? 이유가 어찌됐든 이미 팀원들 모두가 기분이 나빴습니다.

물론 그의 해결책은 객관적으로 아주 좋았습니다. 이전에 봐 온 해결책들과 아주 달랐습니다. 사실은 이게 '옳은' 방식이었는지는 잘 모르겠습니다. 나중에 왜 동료들과 생각을 공유하지 않고 혼자 해결하는 방식을 선택했는지 물었습니다. 이 친구가 이틀 동안 비공식적으로 팀을 이끌어왔기 때문에 더 궁금했습니다.

다음과 같이 대답한 것으로 기억합니다.

"글쎄요. 제 솔루션의 예상 결과는 아주 좋거나 아주 나쁘거나 할 것입니다. 어떤 식이든 극단적인 결과가 예상되지요. 그런데 불편하고 위험한 것들은 팀원들이 받아들일 수 없을 거에요. 그들을 탓하는 건 아닙니다. 우리 팀원들은 꽤 보수적인 분석가이면서 경제전문가들이 니까요. 그러니 제 아이디어는 절충되어야 합니다. 모두가 편안하게 느낄 정도로 평범하게요."

어떤 직장이든 현실에 안주하는 분위기가 있기 마련입니다. 모두 그 악영향을 없애기 위해 엄청난 시간을 보냅니다. 이때 아무런 문제 의식 없이 모든 문제를 브레인스토밍을 통해 해결하려는 것은 아주 만 연된 관행입니다. 브레인스토밍은 흥미로운 사회적 실험이지요. 하지 만 시간이 지날수록 날카로움을 잃고 무뎌진 도구로 전락합니다. 다양 성이 높은 집단에서는 특히 더 그렇습니다. 브레인스토밍은 수십 년 동안 잘 사용되어 왔지요. 이제는 인스턴트 음식에 들어가는 화학조미 료 같은 존재가 된 게 사실입니다. 과도하게 섭취하는 것은 바람직하 지 않겠지요. 그런데 학교에서 팀워크의 중요성을 강조하면서 브레인 스토밍이 문제해결을 위한 방법으로 많이 등장합니다. 참 안타까운 일 입니다. 기계적인 브레인스토밍이 우리가 갈 길이 아니라고 반복해서 말하고 싶지는 않습니다. 이미 많은 사람들이 지적했던 문제입니다. 그런데 브레인스토밍을 우리 아이들의 혁신활동에서 빼버린다면, 그 빈 구멍이 너무 크지 않을까요?

물론 좀 더 강화된 브레인스토밍 방법들도 있습니다. 성공확률을 높이고 집단사고에 휩쓸리는 효과를 줄이기도 합니다. 세계적인 디자 인 기업인 IDEO의 디자인 사고 Design Thinking 방법은 인기있는 브레인스토밍 방법 중 하나이지요. 저도 오랫동안 학생들에게 이 방법을 가르쳤습니다. 학생들이 창의적 사고를 통해서 만든 솔루션에 매번 깜짝 놀랐습니다. 그러나 개선된 브레인스토밍 훈련조차도 특별한 재능을 제공해 주지는 않습니다. 당장 좋은 결론이 나왔다고 해도 앞으로 그런 수준의 결과가 연속적으로 나오기 힘들거든요.

혁신이야말로 가장 위대한 발명인 것 같습니다. 그래서 저는 아이들이 혁신적인 마음을 갖게 하는 비법을 스스로 찾게 하고 싶었습니다. 전문가 두 사람과의 만남을 통해 한줄기 빛을 찾을 수 있었지요.

제이컵 골든버그Jacob Goldenberg와 드루 보이드Drew Boyd는 《틀 안에서 생각하기Inside The Box[1]》의 공동 저자입니다. 이 책은 이른바 '획기적인 결과를 만들어내는 창의적인 시스템'에 대해 소개하고 있습니다. 제이컵과 드루의 연구는 기업영역과 학문적 영역에서의 광범위한 경험을 바탕으로 합니다. 누구든지 알고 있는 것과 주어진 자원을 활용하여 혁신적인 결과물을 만들 수 있다는 설명입니다. 제이컵과 드루는 이런 과정을 '시스템적인 발명적 사고 방식'이라고 부릅니다. 저는 이 사고 방식을 아이들도 활용할 수 있을 지 궁금했습니다.

드루는 산업계에서 오랫동안 활발히 활동해왔습니다. 공저자인 제이컵은 콜롬비아 대학교 초빙교수로서 이스라엘 헤르츨리야에 위치한 다학문 센터Interdisciplinary Centre에서 연구하고 있습니다. 저는 이들 중에 드루와 이야기할 기회가 있었습니다. 드루는 신시내티 대학교에서 교수로서 마케팅과 혁신을 가르치고 있기도 합니다. 그 전에는 존슨 앤 존슨에서 17년간 일하면서 기업내 '마케팅 대학교'인 마케팅 마스터리 프로그램Marketing Mastery Program을 설립했습니다. 제너럴 일렉트릭, 프록터앤드갬블, 크래프트와 머크와 같은 기업들이 벤치마킹을 했지요. 이 마케팅 프로그램에 참여한 사람들은 새로운 의학 제품을 시스템적으로 개발하고, 장기적인 전략계획에 통합하는 방법을 배웠습니다. 바로 혁신하는 방법을 가르친 거지요. 드루는 제대로 된 시스템과 사람들을 격려하는 제도가 있다면 누구든지 혁신적이 될 수 있다고 믿습니다. 아이들이라도 가능하다는 거지요.

"기업은…" 드루는 천천히 이어 말했습니다. "새로운 방식을 도입하여 주주들을 위한 이익을 창출해야 합니다. 하지만 학교는 그렇게 할 이유가 없어요. 새로운 과목과 기술을 도입하는 것은 비용이 많이 들지요. 창의성에 대한 필요는 인식하고 있지만, 실행할 엄두를 내지 못합니다."

드루는 아들이 다니는 학교에 '발명가가 되는 방법'이라는 창의력 향상 프로그램을 제안했으나, 거절당한 적이 있습니다. 교장은 제안된 프로그램이 아이들에게는 수준이 너무 높다고 생각했고, 창의력은 누군가에게 가르칠 수 있는 것이 아니라고 믿었거든요.

드루는 줄기차게 제안을 했습니다. 그의 교육 프로그램은 끝내 받아들여졌고, 일반 학생들에게 반응도 아주 좋았습니다. 나중에는 특수교육이 필요한 아이들에게까지 확대되었습니다. 드루는 "특수교육이 필요한 아이들도 충분히 창의적이될 수 있어요. 방법만 잘 가르쳐 주면 됩니다."라고 말합니다.

"미래에는 우리 모두 문제해결 능력이 더 필요해질 거에요. 기업경영에 관한 문제뿐만 아니라 일상에서 생기는 상황들, 개인적인 어려움 들까지도요. 사회의 모든 영역에서 광범위한 도전들에 직면하겠지요. 우리 아이들은 성공적인 삶을 살기 위해 혁신적인 생각을 할 줄 알아야 하고, 그 방법을 익힐 필요가 있습니다."

드루와 제이컵은 자신들의 교육 프로그램을 부모, 교사, 양육자들 에게 알려주고 싶은 마음에 기본적인 내용을 공유하는데 허락했습니 다. 인사이드 더 박스 웹사이트(www.insidetheboxinnovation.com)를 방 문해 보세요. 유용하고 재미있는 자료를 많이 찾아볼 수 있을 거에요. 여러분의 수고를 많이 덜어줄 수도 있습니다.

이제 혁신의 방법에 대해 알아볼 준비가 되었지요?

▎ 창조적 뺄셈

'시스템적인 발명적 사고 SIT, Systemic Inventive Thinking' 방식에서 '뺄 셈'은 새로운 것을 만들어내는 과정에서 필수적인 요소를 제거하는 것 입니다. 당면한 문제의 요소들을 재구성해 보는 거지요. 예를 들면 이 런 거에요. '여행 대행사 travel agent'에서 '대행사 agent'를 빼면 '도와주 는 사람이 없는 여행'이라는 개념만 남지요. 결국 '온라인 예약' 서비스 의 개념이 나타납니다. '책'의 개념에서 '종이'를 빼면서, '종이에 인쇄 하지 않는 책', 즉, 전자책 ebook 의 개념이 생기는 거지요. 뺄셈 방식이 진행되는 방향을 알겠지요? 뺄셈은 강력하고 인기있는 창의적인 혁신 방법이에요. 어렵지 않고 열린 사고가 가능해집니다. 드루와 제이컵 은 우리가 다루어야 하는 시스템이나 문제의 필수요소들을 종이에 적어보라고 합니다. 그 구성요소들을 하나씩 제거하고, 다시 생각하는 거지요. 필수적이었던 구성요소가 빠졌을 때의 상황을 상상해 보는 거에요. 그리고 나서 꼭 있어야 한다고 생각한 것들이 빠진 시스템이나 물건, 서비스를 누가 왜 이용할지 질문하는 겁니다.

앞 장에서 소개한 '레모네이드 판매'를 뺄셈 기법을 활용해서 다시 생각해 볼까요. 레모네이드 장사에서 꼭 필요한 것들을 다음과 같이 나열할 수 있지요.

레모네이드, 컵, 테이블, 현금보관함, 판매원, 고객, 더운 날씨, 공원.

레모네이드를 빼 볼까요? 이건 안 되겠네요. 레모네이드를 판다고 할 수가 없으니까요. 그럼 일단, 레모네이드는 남겨 두지요. 컵을 빼면요? 컵이 없이 레모네이드를 판매하는 상황은 가능하겠지만, 어떻게 레모네이드를 제공하지요? 제 아들은 작은 비닐봉지에 빨대를 꽂으면 된다고 하네요. 빨대 주변을 잘 묶고, 고리를 만들어 손잡이처럼 쓰면 된다는 설명입니다.

레모네이드를 바닥에 내려 놓을 수가 없는데 누가 이런 물건이 필요할까요? 자전거 타는 아이들, 공원에서 스케이트보드 타는 아이들, 물통을 가지고 자전거로 학교 다니는 아이들일까요? 작은 주스 봉지를 자전거 핸들에 달아 놓고 움직이면서 한 모금씩 먹을 수 있겠네요. 아시아에서 살다보면, 이런 것들은 어렵지 않게 찾아볼 수 있습니다. 무슨 대단한 상상력이 필요한 것도 아닙니다. 동네 음료 판매대에서 이미 팔고 있거든요. 주스봉지에 빨대가 붙어있고, 당연히 이동하면서 새지 않게 해 놨지요. 하지만 서양에서 아이들을 위한 이런 음료시장은 아직 형성되지 않았습니다.

오케이. 그럼 다음으로 테이블을 빼볼까요? 컵이 없는데, 테이블이 필요할까요? 옷걸이를 사용해서 공원중앙에 서 있는 큰 나무의 가지에 레모네이트 봉지를 걸어두면 되겠네요. 사람들의 관심을 끌 수도 있겠습니다. 레모네이드 판매대에서 필요한 것들을 하나씩 제거하거나 다른 것으로 대신할 수도 있지요.

접근할 수 있는 것들만 활용하는 것은 시스템적인 발명적 사고 방식에서 중요한 원칙인데, '닫힌 세계 원칙'이라고 부릅니다. 가장 빠르고 좋은 혁신 방법은 주변에서 활용가능한 것들을 찾는 것이지요. 아주 기발한 해결책은 우연히 찾게 되는 경우가 많습니다. 너무나 단순해서 다른 누군가가 처음으로 내놓기 전까지는 그게 주변에 있었다는 것을 인식하지 못하는 것이지요.

바로 지금 활용할 수 있는 것들, 일상에서 너무 쉽게 접할 수 있어서 다시 생각해 볼 가치를 느끼지 못했던 것들이 아이들의 혁신적 활동을 위한 원재료가 될 수 있습니다. 주변에 행사가 있을 때마다 어떤 특별한 것들을 사야 하나요? 시스템적인 발명적 사고법을 활용하면 그럴 필요가 없습니다.

이 분야에 대한 연구는 매우 많습니다. 결론은 창의적인 발명은 상자 안에서 나온다는 것입니다. 그 상자는 바로 우리 곁에 있는 환경입니다. 어떤 필수적인 것을 대신하려고 한다면, 주변을 잘 살펴보세요. 대신 사용할 만한 것이 이미 옆에 있을 수도 있습니다. 컵을 대신해서 비닐봉지와 끈을 사용하고, 테이블을 대신해서 공원에 있는 나무를 사용하는 것처럼요. 이미 가지고 있는 것을 활용해서 더 재미있고 실용적인 레모네이드를 만들 수 있었습니다. 공원에서 자전거를 타는 아이들에게는 딱 필요한 물건이지요. 간단히 말해서, 기존 레모네이드를 혁신해서 더 창의적인 제품을 만드는 것입니다.

● 9장의 마무리 ●

1. 우리는 태어날 때는 창의적이지만, 자라면서 창의적이지 않도록 학습한다.

2. 실패는 데이터의 원천이라는 것을 이해하고, 실패로부터 필요한 데이터를 뽑아 쓸 수 있다면, 아이들은 '잘' 실패할 수 있을 것이다. 혁신의 과정에서 함께 올 수밖에 없는 충격도 '잘' 견딜 수 있다.

3. 혁신은 새롭고 유용한 어떤 것을 만들 수 있는 능력이 필요하다. 보통은 기존의 재료와 아이디어를 활용하는 것이 가능하다. 창의력이 이런 과정에 도움이 되는 것은 분명하지만, 창의력이 부족한 것이 혁신의 과정에서 장애요인이 되지는 않는다.

4. 혁신은 과정이고, 가르쳐질 수 있다. 시스템적인 발명적 사고법Systemic Inventive Thinking이나 IDEO의 디자인 사고법Design Thinking과 같은 혁신의 방식을 활용하면 된다.

●

이 책을 읽는 엄마, 아빠에게

고대 아테네의 파이데이아paideia[1]는 시민의 덕목[2]을 함양시키는 과정을 일컫는 말입니다. 인지적, 도덕적, 신체적 능력을 수련하여 시민의 덕목을 달성하게 했는데, 수사학, 문법, 산수, 의학, 체조와 레슬링을 통한 신체훈련 등의 교육을 했습니다. 음악, 시, 철학을 통해 인성교육도 했지요. 모든 교과목은 교양있는 시민을 양성하는 것을 목표로 했습니다. 파이데이아는 육체 노동자와 여성에게는 허용되지 않았지요. 이성적 사고활동을 할 시간이 있는 자유로운 남성들에게만 허용되었습니다. 계몽주의[3] 시대가 되어서야 교육이 자유를 달성하기 위한 수단이 되었습니다. 그 전에는 이미 자유로운 사람들에게만 한정되었지요.

파이데이아와는 반대로 스파르타의 교육은 군인을 양성하기 위해 설계되었습니다. 복종적이고, 용감하고, 강한 전사들을 키우기 위함이었지요. 체력 향상이나 전투를 위한 과목들을 가르쳤습니다. 결과적으로 충성심이 깊고 복종을 잘 하지만 문맹인 사람들을 양성했지요.

서양의 영향이 없던 시대에 중국 교육의 이상[4]은 나라를 통치할 수 있는 지식인 집단을 양성하는 것이었습니다. 이 집단은 꾸준히 과거 시험을 통해 성장했습니다. 시험은 누구에게나 개방되어 있었고, 중국사회의 최고 정점인 사대부가 될 수 있다는 꿈을 심어주지만 달성 가능성이 희박한 약속[5]이었습니다. 시험에 합격한다는 것은 유교 경전의 철학, 윤리, 사회정치적인 가르침을 완벽히 습득했다는 의미였습니다. 그 배움을 통해 다른 사람들을 통치할 수 있다고 확인해 주는 제도였지요. 1000년이 지나, 과거시험 제도는 1905년에 폐지되었습니다. 청 왕조 말과 공화국의 초기에는 애국적이고, 근면하고 단합된 국민들이 필요했습니다. 새로운 교육제도는 그런 사람들을 만들어내는 수단이었습니다.

오랜 세월 동안 교육은 특정 목표를 달성하거나 특정 이해집단의 이상을 유지하기 위해 존재했습니다. 지금 우리가 사는 세상은 어떤가요? 사회 내에서 필요한 기본적인 지성과 기술을 유지하는 좋은 시민을 양성하는 도구인가요? 아니면 개인적인 우수함을 성취하도록 도와주는 역할을 하나요? 특별한 잠재력을 일깨우고 선택한 목표를 달성하도록 해주나요? 아마도 기업의 목표를 달성하고 국가의 경제성장을 위해 필요한 게 오늘날 교육이란 거겠지요. 교육이 추구하는 가치는 공공의 선입니다. 여러분이 사는 나라의 교육제도는 누가 만드나요? 그리고 그 사람들은 누구를 위해 일하나요?

인류애를 함양하고, 세계시민을 양성하는 것은 교육의 또 다른 존재 이유입니다. 개인적인 차이를 초월해서 잘 결속되고 살기좋은 지구 사회를 건설할 시민들을 양성할 책임이 있지요.

> 교육의 목적에 대한 최근의 생각은 미국뿐만 아니라 다른 곳에서도 엉망진창이다. 국가의 경제성장에 너무 몰입되어 있는 탓에, 교육은 학생들이 비판적으로 생각하거나, 분별력과 공감 능력이 있는 시민이 되도록 하는 것보다는 경제적으로 생산적인 사람이 되게 가르치는 것을 목표로 한다. 돈버는 기술에 집중하는 이런 근시안적인 방식은 권위를 비판하는 능력을 약화시키고, 우리와 다른 사람들에 대한 공감 능력을 감소시켰다. 결국 복합적이고 전지구적인 문제들을 다루는 능력을 훼손시켰다. 이런 기본적인 소양을 상실하면서 민주주의의 건전성과 좋은 세상을 만들고자 하는 희망은 위험에 빠졌다[6].
> — 마사 크레이븐 누스바움(Martha Craven Nussbaum),
> 《학교는 시장이 아니다 Not for Profit》

외국인 혐오증, 공포 그리고 불확실성이 세계를 휩쓸고 있습니다. 출신 배경이나 피부색과 상관 없이 모두가 세계시민이라는 유토피아적인 생각은 아주 멀리 사라지는 것 같습니다. 제국주의와 독재적인 지도자의 시대에서 우리가 얼마나 멀리 떨어져 있는가를 생각해 봅니다. 저는 누스바움의 혹독한 비판에는 반대합니다. 여전히 희망이 있고, 그 희망은 아이들을 위해 더 나은 세상을 바라는 부모와 교사, 행정가, 양육자들 곁에 있습니다.

민주주의 시민들이 자신들의 목소리를 내고, 역사의 방향을 변화시킬 만큼 힘이 지금처럼 있었던 적이 없습니다. 유럽연합 탈퇴를 위한 국민투표에 3000만 명 이상이 투표했습니다. 투표의 결과는 나왔고, 결정의 책임을 져야 합니다. 엄청난 책임이지요. 모든 유권자가 학교에서 좋은 의사결정을 내리는 방법을 배웠다면 어떤 결과가 나왔을까요? 미사여구에서 사실을 구분하고, 프레임과 동기에 대해 생각하고, 고정관념과 사고의 실수를 구별하고, 공감하면서 생각하고, 감정에 치우지지 않는 결정을 하는 방법을 배웠다면 어땠을까요?

교육의 역할과 목적에 대하여 전 세계적으로 정부, 교육학자, 기업을 포함하여 여러 사람들이 토론하고 있습니다. 변화의 대전환기에 아주 중요한 질문입니다. 하지만 부모들을 대변할 목소리가 미약한 것이 참 걱정스럽습니다.

엄마가 되기로 결정한 때가 기억나네요. 남편과 저는 실제로 부모가 되는 것에 대해 이야기를 했습니다. 우리 모두 경제학자였습니다. 아이를 낳고 키우는 것이 경제적으로 저희에게 어떤 영향을 줄 지 살펴보았습니다. 그리고는 경제적인 것은 아무런 의미가 없다는데 동의했습니다. 저희는 그냥 엄마, 아빠가 되고 싶었습니다. 엄마로서의 이 여정을 통해 자신에게 묻습니다. 부모가 된다는 것의 목적은 무엇일까? 왜 우리는 세상에 대해 아무것도 모르는 그리고 보호와 사랑이 필요한 아이를 선물로 받았을까? 아이는 결국 우리를 떠날 테고, 그들의 삶을 살 텐데….

⁝ 여러분은 왜 엄마, 아빠가 되었나요?

저는 세상을 바꾸기 위해 엄마가 되지는 않았습니다. 하지만 엄마가 된 지금은 세상을 바꾸려 합니다. 더 밝은 미래를 만들기 위해 엄마가 해야 할 역할이 있다는 것을 알고 있습니다. 아시나요? 제가 가진 가장 큰 힘은 강사, 코치, 혹은 작가가 아닙니다. 바로 엄마로서의 힘입니다. 저는 아주 소중한 생명체의 생각, 인성, 행동을 만드는 힘이 있습니다. 아이는 엄마(아빠)를 무조건적으로 신뢰하고, 엄마(아빠)가 말하는 모든 것을 믿습니다. 아이는 이 세상을 위한 희망입니다. 아이들을 생각하는 사람으로, 그리고 좋은 결정을 내릴 수 있는 사람으로 키울 수 있습니다. 그러면 우리는 더 좋은 세상을 만들 수 있습니다. 우리 모두 그런 역할을 하고 있습니다.

여러분은 지금 관제탑에 앉아 있습니다. 세상을 구하러 출동하세요! 생각하는 아이로 키우세요!

> 당신 같은 사람이 이 끔찍한 세상에 대해 아무런 신경도 쓰지 않는다면, 아무것도 나아지지 않을 것이다. 좋아질 수가 없는 것이다.
>
> ● 수스 박사(Dr. Seuss)

2장. 기술만 가지곤 아무것도 할 수 없다

졸업은 했는데 할 수 있는게 없다고? _____

1. Loughborough College, Loughborough

2. www.activate-enterprise.co.uk

3. Sharma, Y. (2014, February 14). Rising unemployment – are there too many graduates? *University World News*, Global Edition, Issue 307.

4. Ibid.

5. 아시아 태평양 지역 8600명의 고용인을 대상으로 한 재능 부족 설문조사: 맨파워그룹(ManpowerGroup)에서 2013년에 실시. 미국에 기반한 HR 다국적기업임.

6. McKinsey & Company. (2014). *Education to employment: getting Europe's youth into work*. Retrieved from www.mckinsey.com/industries/social-sector/our-insights/convertingeducation-to-employment-in-europe

7. 개발경제연구소(Development Economics research group)는 소프트 스킬이 특히, '면대면 교류(face-to-face human interaction)'에 의존하는 사업분야에서 연간 880억 파운드의 가치가 있다고 계산했다. 출처: www.bbc.com/news/education-30802474

8. Nawaguna, E. (2014, June 1). *Jobs become more elusive for recent U.S. college grads*. 출처: www.reuters.com

9. Peralta, K. (2014, December 3). *CEOs say skills gap is problematic*. US News. 출처: www.usnews.com/news/articles/2014/12/03/ceos-say-skills-gap-is-problematic

10. Deloitte University Press. (2014). *Help wanted: American manufacturing competitiveness and the looming skills gap*. 출처: dupress.com/articles/manufacturing-skills-gapamerica/

11. Rothwel, J. (2014, July 1). *Still searching: job vacancies and STEM skills*. Metropolitan Policy Program at Brookings. 출처: www.brookings.edu/interactives/still-searching-jobvacancies-and-stem-skills/

12. McKinsey Global Institute, Washington. 출처: www.mckinsey.com/insights/mgi.aspx

13. 2015년 다보스에서 열린 경제포럼에서, 능력불일치는 저개발 국가들과 선진국들의 대표들이 장시간 논의한 뜨거운 주제였다.

14. Goodwin, M. (2015, January 9). *The myth of the tech whiz who quits college to start a company*. Harvard Business Review. Retrieved from www.endeavor.org/blog/endeavorinsight-and-the-partnership-for-new-york-city-releases-the-power-of-entrepreneurnetworks-study-of-nearly-700-industry-trailblazers/

15. Asia and Pacific Regional Bureau for Education, UNESCO. (2013). *Graduate employability in Asia*.

1. Wilson, M. (2014, July 1). *Google is about to take over your whole life, and you won't even notice.* Fast Company. Retrieved from www.fastcodesign.com/3032463/what-is-google

2. IBM.com. (2013) *How C-suite executives see the landscape changing.* Retrieved from www-935.ibm.com/services/us/en/c-suite/csuitestudy2013/infographic-01.html

3. Siegler, M.G. (2010, August 4). *Every 2 days we ceate as much information as we did up to 2003.* TechCrunch. Retrieved from www.techcrunch.com/2010/08/04/schmidt-data/

4. Shenk, D. (1997). *Data Smog.* New York, NY: Harper Collins.

5. Chartered Management Institute and IBM C-suite Study 2013. Retrieved from www-935.ibm.com/services/us/en/c-suite/csuitestudy2013/infographic-01.html

6. IMB.com

7. CNN interview with Larry Nash, executive recruiting leader at Ernst & Young. Retrieved from money.cnn.com/gallery/news/companies/2014/01/16/best-companies-hiring.fortune/

8. CNN interview with Christy Dickenson, regional manager for global talent acquisition at Intel. Retrieved from money.cnn.com/gallery/news/companies/2014/01/16/best-companies-hiring.fortune/3.html

9. KPMG 채용 담당자이 크리스티나 트란(Christina Tran)과의 인터뷰: 크리스토퍼 트카치크(Christopher Tkaczyk) 실시 (2014년1월16일) 출처: Fortune.com.

10. Retrieved from money.cnn.com/gallery/news/companies/2014/01/16/best-companieshiring.fortune/9.html

11. Interview with Jeff Vijungco, Adobe's vice president of global talent. Retrieved from money.cnn.com/gallery/news/companies/2014/01/16/best-companies-hiring.fortune/9.html

12. Interview with Amanda Valentino, director of corporate staffing at Genentech. Retrieved from money.cnn.com/gallery/news/companies/2014/01/16/best-companies-hiring.fortune/9.html

13. 2016 Thames Valley Tech Conference organised by the Thames Valley Chamber of Commerce.

14. Elder, J. (2015, March 15). The rise of soft skills: why top marks no longer get the best jobs. *The Sunday Age.*

이력서는 사라지고, 인공지능은 영원하리라

1. Laszlo Bock gave insights into their hiring process at an interview on March 28, 2013 at *The Economist's Ideas Economy:* Innovation Forum in Berkeley, California

2. Sudworth, J. (2015, February 25). Can technology identify China's top graduates? *BBC News China.*

3. Adobe State of Create Study. (2012). Retrieved from Adobe.com

3장. 공부 잘하는 아이들은 다 어디로 갔는가

성적 좋은 아이가 생각도 잘할까?

1. Ripley, A. (2013). *The Smartest Kids in the World and How They Got That Way*. New York, NY: Simon & Schuster

2. Alliance for Excellent Education. (2013, November 27). PISA 101 Interview with Robert Rothman by Cyndi Waite.

3. PISA 시험문제는 저작권의 보호를 받기 때문에 이 책에 실어서는 안 된다. 하지만, 고등학교 시절에 배운 피타고라스의 정리를 기억하면 되겠다. 다음 웹문서를 보는 것도 괜찮겠다.
   www.oecd.org/pisa/pisaproducts/pisa2012-2006-rel-items-maths-ENG.pdf

4. Emma Vanbergen, Shanghai-based study abroad director for BE Education, a company that places Chinese pupils in British education. (2011, December 4). *The Telegraph*.

5. Carless, D. (2011). *From Testing to Productive Student Learning: Implementing Formative Assessment in Confucian Heritage Settings*. London: Routledge

6. Institute of International Educations' Open Doors (2013). Retrieved from www.iie.org/

7. 본명이 아님.

8. Ministry of Education of The PRC. (2001). *Framework for the Curriculum Reform of Basic Education – The Trial Version*

사과와 배를 비교하기

1. PISA US. (2012).

2. Retrieved from www.forbes.com/innovative-companies/list/

3. Rankings taken for all subjects from the SJR (Scimago Journal Rank). Retrieved from www.scimagojr.com/countryrank

2부. 생각하는 아이로 키우기

4장. 코치가 되기 가장 좋은 위치, 부모

코치 엄마, 아빠

1. 2년 동안 학급운영비를 관리하면서 운영비를 걸고 내기한 적은 결코 없다. 비유적인 표현일 뿐.

2. In conjunction with Stanford University's Rock Centre for Corporate Governance and The Miles Group.

3. ICF and the Human Capital Institute. (2014). *Building a Coaching Culture*

더 좋은 결정을 내리기 위한 코칭

1. 부모를 위한 코칭과 GROW 모델: 존 휘트모어 경(Sir John Whitmore)과의 인터뷰 (알란 이 윌슨

(Alan E. Wilson) 실시. 출처: 유튜브 (2011년 11월 6일)

잘 듣기! 생각의 불을 당겨라! _____

1. Pesuric, A., and Byham, W. (1996, July). *The New Look in Behavior Modeling.* Training and Development.

2. Coaching Club TV at www.youtube.com/c/TheCoachingClub

3. '리더들을 위한 코칭(Coaching for Leaders)'의 설립자이자, 전문경영인 코치이면서 컨설턴트이다. '생각하는 시간(Time To Think)'에서 제공하는 Thinking Environment 교육과정의 글로벌 교원이기도 하다. 추가정보: www.coachingforleaders.co.uk www.timetothink.com/thinking-environment/

4. 추가정보: www.timetothink.com/thinking-environment ('Ten Components of the Thinking Environment' by Nancy Kline.)

5장. 초기에 시작하는 두뇌훈련

두뇌 발달을 위한 기초훈련 _____

1. 전두엽 대뇌피질은 계획하고, 자신을 표현하고, 결정을 내리고, 다른 결과를 상상하고, 도덕적인 판단을 하고 행동을 조절하는 집행적인 기능을 담당한다.

2. 브루스 D와 페리 박사의 연구, 2002 (www.childtrauma.org)

3. Catharine R. Gale, PhD, Finbar J. O'Callaghan, PhD, Maria Bredow, MBChB, Christopher N. Martyn, DPhil. (2006, October 4). *The Influence of Head Growth in Foetal Life, Infancy, and Childhood on Intelligence at the Ages of 4 and 8 Years.* PEDIATRICS Vol. 118.

4. 뇌영상 전문가인 에드 불모어(Ed Bullmore) 케임브리지대학교 정신의학과 교수는 그의 연구에서 뇌의 각각 다른 영역들이 서로 효율적으로 의사소통하는지 측정했다. 뇌 연결망의 통합이 높은 지능지수와 관련있음을 발견했다. 에드 불모어 교수 프로필: www.neuroscience.cam.ac.uk/directory/profile.php?etb23

아이를 위한 뇌발달 훈련 _____

1. Schiller, P. (2010) *Early Brain Development Research Review and Update.* EXCHANGE Magazine, Nov/Dec 2010 edition.

6장. 학교에선 알려주지 않는 작동기억 훈련법

원지능(raw intelligence)의 비밀 _____

1. Trafton, A. (2013, December 11). *Even When Test Scores Go Up, Some Cognitive Abilities Don't.* Retrieved from news.mit.edu/2013/even-when-test-scores-go-up-some-cognitive-abilitiesdont-1211.

이 연구는 빌과 멜린다 게이츠 재단과 미국 국립보건원의 지원을 받아서 트랜스포밍 에듀케이션(Transforming Education)과 브라운대학교 교육정책연구센터의 공동연구로 진행되었다. MIT 신경과학 교수인 존 가브리엘리 (John Gabrieli)가 주저자.

기억을 작동시키기

1. 물체의 시각적 인식과 공간적 관계와 관련된

작동기억 훈련소

1. Nathalie Schicktanz et al. (2013, November). *Motor Threshold Predicts Working Memory Performance in Healthy Humans*. University of Basel and University of Bern and the Center of Neurology and Neurorehabilitation, Luzerner Kantonsspital

2. Andrew S. Whiteman et al. (2013, December). *Aerobic Fitness and Hormones Predict Recognition Memory in Young Adults*. Boston University Medical Centre

3. Hui Chen and Brad Wyble. (2015, February). Amnesia for object attributes: failure to report attended information that had just reached conscious awareness. *Psychological Science*.

4. Arkowitz, H. and Lilienfeld, S.O. (2009, January 8). *Why science tells us not to rely on eyewitness accounts. Scientific American*.

3부. 인생여정을 위한 성공 능력들

7장. 편견은 아이들의 사고에 오류를 유발한다

'생각하는 것'에 대해 생각하기

1. 에드워드 스노든(Edward Snowdon)의 녹음 메시지 (영국, 아일랜드 전국언론인연합(National Union of Journalists)과 국제언론인연합회(Internatonl Federation of Journalists) 컨퍼런스) – Journalism in the Age of Mass Surveillance: Safeguarding Journalists and their Sources. Hosted by Guardian News & Media. London, October 16, 2014.

2. 신체표지가설(Somatic Marker Hypothesis)에 따르면, 감정적 처리가 행동을 이끌거나 혹은 왜곡하는데, 특히 의사결정과 관련있다. 출처: Damasio, Antonio R. (1994). *Descartes' Error: Emotion, Reason and the Human Brain*. New York, NY: Random House

3. 의사결정 과학을 잘 아는 독자라면 최근성 편향(recency bias)이라는 용어로 표현할 수 있음.

사춘기와 집단사고

1. Steinberg, L. (2008). *A Social Neuroscience Perspective on Adolescent Risk-Taking*. Department of Psychology, Temple University. NIH Public Access.

2. Millstein S.G. and Halpern-Felsher B.L. (2002, July). *Perceptions of Risk and Vulnerability*. Journal

of Adolescent Health.

3. 실험조건: 피험자들은 그들의 수행능력의 결과가 그들의 미래에 대해 지속적인 영향이 없을 것이라는 알고 있다.

4. Beyth-Marom R., Austin L., Fischoff B., Palmgren C., Jacobs-Quadrel M. (1993). *Perceived Consequences of Risky Behaviors: Adults and Adolescents.* Developmental Psychology.

5. Reyna V.F. and Farley F. (2006). *Risk and Rationality in Adolescent Decision-making: Implications for Theory, Practice, and Public Policy.* Psychological Science in the Public Interest.

6. Casey B.J., Galvan A. and Hare T.A. (2005). *Changes in Cerebral Functional Organization During Cognitive Development.* Curr Opin Neurobiol. 2005a;15(2): 239–244.

7. Casey, B.J., Jones, R.M., and Hare, T.A. (2015, November 11). *The Adolescent Brain.* Annals of the New York Academy of Sciences. 1124 (2008): 111–126. PMC. Web.

8. Galvan A., Hare T., Voss H., Glover G. and Casey B.J. *Risk-taking and the Adolescent Brain: Who is at Risk?.* Dev Sci. 2007;10(2):F8–F14.

9. Ibid.

10. Spear L.P. *The Adolescent Brain and Age-related Behavioral Manifestations.* Neurosci Biobehav Rev. 2000;24(4):417–463.

11. Chassin L., Hussong A., Barrera M., Jr., Molina B., Trim R. and Ritter J. *Adolescent Substance Use.* Handbook of Adolescent Psychology, edited by Lerner R. and Steinberg L., Wiley, 2004.

12. Steinberg L. *Risk Taking in Adolescence: What Changes, and Why?* Ann N Y Acad Sci. 2004;1021:51–58

13. Steinberg, L. (2015, November 13). *A Social Neuroscience Perspective on Adolescent Risk-Taking.* Developmental Review: DR 28.1 (2008): 78–106. PMC. Web.

14. Kagan J., Snidman N., Kahn V. and Towsley S. (2007, July). *The Preservation of Two Infant Temperaments Into Adolescence: Monographs of the Society for Research.* Child Development, Volume 72, Issue 2, page vii.

15. Steinberg, L. (2008 March). *A Social Neuroscience Perspective on Adolescent Risk-Taking.* Department of Psychology, Temple University. Dev Rev.

사고의 민첩함

1. 브랜든 메이필드에 관한 FBI 사건 (7.1장)

2. Kobus K. *Peers and Adolescent Smoking.* Addiction. 2003;98(Suppl 1):37–55. [PubMed]

3. Guo G., Elder G.H., Cai T. and Hamilton N. *Gene–environment Interactions: Peers' Alcohol Use Moderates Genetic Contribution to Adolescent Drinking Behavior.* Social Science Research. 2009;39(1):213–224

4. Henry D.B., Kobus K. and Schoeny M.E. (2011). *Accuracy and Bias in Adolescents' Perceptions of Friends' Substance Use*. Psychology of Addictive Behaviors: Journal of the Society of Psychologists in Addictive Behaviors.

좋은 의사결정자의 7가지 습관

1. Markle, W.H., 'The Manufacturing Manager's Skills' in The Manufacturing Man and His Job. Finley R.E.and Ziobro, H.R. (1966). American Management Association, Inc., New York.

2. Russo, J.E. and Schoemaker, P. J.H. (2001) *Winning Decisions: Getting It Right the First Time*. New York: Bantam Doubleday Dell

3. Teague, M. (2015, September 18). *Ahmed Mohamed is tired, excited to meet Obama – and wants his clock back*. The Guardian. Retrieved from www.theguardian.com/us-news/2015/sep/17/ahmed-mohamed-is-tired-excited-to-meet-obama-and-wants-his-clock-back

8장. 컴퓨터는 가질 수 없는 감성지능

감성지능과 인간의 시대

1. TalentSmart: www.talentsmart.com

2. 감성지능에 관한 책을 읽어보신 분들은 아마도 감성지능과 관련된 과거 이론을 잘 알고 있을 겁니다. 가장 대중적인 이론은 '두뇌의 감정중추'에 관한 것입니다. 이 이론에 의하면, 감각정보는 척추를 거쳐서 뇌의 감정중추에 도착한다고 합니다. 감각정보가 인지적인 정보처리를 담당하는 대뇌피질에 전달되기 전에 무의식적인 반응을 하게 됩니다. 하지만, 이 이론은 신경과학에 의해 증명되지 못했습니다. 시각 및 청각정보가 척수를 통해 이동하지 않고 뇌로 바로 가능 경우를 설명하지 못합니다. 감성지능이론에 관한 신경학적인 연구는 여전히 진행 중입니다. 조셉 르두(Joseph LeDoux) 연구팀은 이 분야에서 많은 연구를 했습니다. 저서:《The Emotional Brain》(W&N 출판, 1999)

3. *The Emotional Brain*에 관한 조세프 르두의 강의. 2011년 10월 시드니 대학교에서 녹화됨. 두려움에 대한 반응의 생물학적인 근거를 소개. 유튜브에서 시청가능함

4. 피터 살로비(Peter Salovey)와 존 메이어(John D. Mayer)가 1990년 처음으로 '감성지능'이라는 용어를 사용함.

5. Boyatzis R. *The Competent Manager: A Model for Effective Performance* (1982). Hoboken, NJ: John Wiley and Sons.

6. Bradberry, T. and Greaves, J. *Emotional Intelligence 2.0*. (2009). TalentSmart.

7. Keller A, et al. (2012). *Does the Perception That Stress Affects Health Matter? The Association with Health and Mortality*. Department of Population Health Sciences, University of Wisconsin-Madison.

8. Jamieson, J., Nock, M. and Mendes, W.B. *Mind Over Matter: Reappraising Arousal Improves Car-*

diovascular and Cognitive Responses to Stress. Journal of Experimental Psychology: General 2012, Vol. 141

걸음마 시기 : 스트레스의 시작

1. 일차적인 거짓말은 잘못을 숨기려고 의도한 거짓말이지만, 상대방의 관점을 고려하지 못한다.
2. Vitelli, R., PhD. (2013, November). *When Does Lying Begin?* Psychology Today. Wilson A, Smith M and Ross H. (2003). *The Nature and Effects of Young Children's Lies.* Social Development, 12: 21–45.

감정을 지배할 것인가, 감정에 지배당할 것인가

1. Voss, C. (2016, May 25). *5 tactics to win a negotiation, according to an FBI agent.* Time Magazine.

마음 이론과 마음의 습관

1. Hartshorne, J. and Germine, L. (2015). *When Does Cognitive Functioning Peak? The Asynchronous Rise and Fall of Different Cognitive Abilities Across the Life Span.* Harvard University & Center for Human Genetic Research, Massachusetts General Hospital
2. www.statista.com
3. Wallace, K. (2015, November 4). *Teens Spend a 'Mind-boggling' 9 Hours a Day Using Media.* CNN.
4. Ibid.
5. 이런 관점은 변할 수도 있지만, 사회적 관계에 의한 감정들은 가상현실이 아닌 환경에서 인간 동료들과 함께 하는 것이라고 생각합니다.
6. 마음 이론은 믿음, 의도, 욕구, ~인 척하는 것, 지식 등과 같은 정신상태를 자기 자신과 타인에게서 원인을 찾는 능력이고, 다른 사람들이 자기 자신과 다른 믿음, 욕구, 의도, 생각을 가진다는 것을 이해하는 능력이다. - 위키피디아
7. Ruffman T., Slade L. and Crowe E.(2002). *The Relation Between Children's and Mothers' Mental State Language and Theory of Mind Understanding.* Child Development, Vol. 73
8. Mar, R. (2011). *The Neural Bases of Social Cognition and Story Comprehension.* Department of Psychology, York University, Canada.

9장. 실패는 혁신을 위한 데이터일 뿐이다
혁신과 창의성은 가르쳐질 수 있나?

1. Dan Schawbel interviewing Seth Godin for Entrepreneur magazine (2014, November 3). *The Future of Education and the Current State of Marketing.*
2. 문법학교는 학업성적에 의해 학생들을 선발하는 영국의 공립학교이다.

3. 혁신, 대학교, 기술 분과, 영국 (Department of Innovation, Universities and Skills, UK)

4. Land, G. and Jarman, B. (1993). *Breaking Point and Beyond*. HarperBusiness.

'잘' 실패하는 법

1. Stigler, J.W. (2014, May 19). *Struggle in the Age of MOOCs – Implications of Learning Research for the Design of Online Education*. Filmed at the ASU+GSV Education Innovation Summit.

2. Tough, P. (2011, September 14). What if the secret to success is failure? *New York Times* magazine.

3. Levine, M. (2008). *The Price of Privilege: How Parental Pressure and Material Advantage Are Creating a Generation of Disconnected and Unhappy Kids*. Harper Perennial.

4. Swanson, A. (2016, April 28). *Why it feels so good to read about this Princeton professor's failures*. The Washington Post.

5. 저서: 《*The Teaching Gap*》 (제임스 히버트(James Hiebert) 공저, Free Press, 1999), 《The Learning Gap》 (해롤드 스티븐슨(Harold Stevenson) 공저, Simon & Schuster, 1992)

6. 진 리(Jin Li) 박사는 브라운 대학교 교육과 인간 개발학 (Education and Human Development) 교수이다. 그녀는 학습모델과, 아이들의 학습에 관한 신념과 다른 문화와 민족 집단에 걸쳐서 발생하는 사회화에 관한 연구에 집중한다. (vivo.brown.edu/display/jili)

7. 마누 카푸(Manu Kapur) 박사는 싱가포르 국립교육연구원의 학습 과학 연구소에서 교육과정, 교수학습 연구그룹의 부교수이다. 생산적인 실패(Productive Failure)에 관한 추가정보는 그의 웹사이트(www.manukapur.com)와 신작 저서 《*Productive Failure* (Springer)》를 참고하기 바람.

발명가가 되는법

1. Boyd, D. & Goldenberg, J. (2013) *Inside the Box*. New York: Simon and Schuster See also: www.insidetheboxinnovation.com

마치는 글

1. 그리스 아테네에서 기원전 5세기와 6세기에 실행된 교육제도

2. 시민의 덕목은 공공체의 성공을 위해 중요한 개인생활의 습관을 키우는 것이다. 또한, 개인의 관심을 희생해서라도 공동체의 공동복지에 헌신하는 것이다. 시민의 덕목을 구성하는 특성을 식별하는 것이 정치철학의 주요 관심사이다. – 위키피디아

3. 17세기 후반과 18세기에 있던 유럽의 지식인 운동. 전통보다는 이성과 개인주의를 강조했다.

4. Chi-hou Chan, MA, (2006). *Historical and Cultural Background of Education in China*.

5. 시험의 최고단계까지 통과하는 사람은 응시자의 2% 미만이었다.

6. 마타 크레이븐 누스바움은 미국의 철학자이자 시카고대학교 석좌교수

1부. 엄마, 아빠가 되는 것

3장. 공부 잘하는 아이들은 다 어디로 갔는가

피사의 나라에 있는 학교들

- *The Negative Influences of Exam-Oriented Education on Chinese High School Students: Backwash from Classroom to Child* by Robert Kirkpatrick and Yuebing Zang, Shinawatra International University, Thailand. Published in Language Testing in Asia, October 2011.

2부. 생각하는 아이로 키우기

5장. 초기에 시작하는 두뇌훈련

아이를 위한 뇌 발달 훈련

- Calvin, W. (1996). *How Brains Think: Evolving Intelligence Then and Now.* New York: Basic Books

- Ramey, C. T. & Ramey, S. L. (1999). *Right from Birth: Building your Child's Foundation for Life: Birth to 18 Months.* Goddard parenting guides. New York: Goddard Press

- Schiller, P. (1999). *Start Smart!: Building Brain Power in the Early Years.* Beltsville, MD: Gryphon House

- Sylwester, R. (1995). *A Celebration of Neurons: An Educator's Guide to the Human Brain.* Association for Supervision & Curriculum Development.

3부. 인생 여정을 위한 성공 능력들

7장. 편견은 아이들의 사고에 오류를 유발한다

사춘기와 집단사고

- *Peer Influence on Risk Taking, Risk Preference, and Risky Decision Making in Adolescence and Adulthood: An Experimental Study* by Gardner, M., Steinberg, L., Published in Developmental Psychology, Vol 41(4), Jul 2005

- *Risk Taking in Adolescence: What Changes, and Why?* By Steinberg, L. (2004), Published in Annals of the New York Academy of Sciences, 1021: 51–58.

테러리즘에 관한 논의

- 그레이엄 우드 (Graeme Wood)의 연구: 'What ISIS Really Wants', 2015년 3월 *The Atlantic*에 출판됨
- 리디아 윌슨 (Lydia Wilson)의 보고서 (www.thenation.com/authors/lydiawilson/)
- 버나드 헤이켈: IS (Islamic State) 이데올로기에 관한 권위자. 프린스턴 대학교의 근동학 (Near Eastern Studies) 교수이자, 중동, 북아프리가, 중앙아시아 지역학 연구소책임자임.

8장. 컴퓨터는 가질 수 없는 감성지능

감성지능과 인간의 시대

- Jamieson, J.P., Mendes, W.B. and Matthew K. Nock. (2012). *Improving Acute Stress Responses: The Power of Reappraisal* University of Rochester, University of California and Harvard University
- Jamieson, J.P., Mendes, W.B. and Matthew K. Nock. (2012). *Mind Over Matter: Reappraising Arousal Improves Cardiovascular and Cognitive Responses to Stress.* Journal of Experimental Psychology: General 2012, Vol. 141
- Keller A., Litzelman K., Wisk L.E. et al. (2012). *Does the Perception That Stress Affects Health Matter? The Association with Health and Mortality.* Department of Population Health Sciences, University of Wisconsin-Madison, Madison.
- Rimer, S. (2011). *The Biology of Emotion – and What it May Teach Us About Helping People to Live Longer.* Harvard School of Public Health Magazine, Winter 2011. Retrieved from www.hsph.harvard.edu/news/magazine/ happiness-stress-heartdisease/

걸음마 시기 : 스트레스 시작

- Joshua Gowin, J., PhD, *Are Temper Tantrums a Fight/Flight Response?* (2012, December). Psychology Today.
- Sunderland, M. (2008). *The Science of Parenting: How Today's Brain Research Can Help You Raise Happy, Emotionally Balanced Children.* DK Adult.

마음 이론과 마음 습관

- Ernest H. O'Boyle Jr et al. (2010). *The Relation Between Emotional Intelligence and Job Performance: A Meta-Analysis.* Journal of Organisational Behaviour.

- 두려움에 대한 처리와 감성지능의 신경과학에 대해 더 알고 싶다면, 조세프 르두(Joseph LeDoux)의 연구를 읽어보기를 권한다. 조세프 르두는 뉴욕대학교 심리학과 교수이자 뉴욕에 있는 감성적 두뇌 연구소 (Emotional Brain Institute)의 책임자이다.
- 체르니스(Cherniss) 박사는 조직 안에서의 감성지능에 관한 연구를 위한 콘소시엄을 구성했다. The Business Case for Emotional Intelligence (www.eiconsortium.org)는 감성지능이 높은 개인들이 조직에 가져다주는 가치와 감성지능이 이런 개인들에게 돌려주는 가치를 모아 놓은 흥미로운 연구이다.

이 책에 대한 찬사

•

미래를 위한 교육, 리더십 그리고 문제해결에 관한 특별한 책!

— 세스 고딘(Seth Godin), 베스트 셀러 작가

(저서: Purble Cow, Free Prize Inside, The Dip, Tribes and Linchpin)

부모들에게 필요한 독창적이고 즐거운 코칭 가이드이다. 아이를 성공적으로 키우기 위한 비법을 찾고 있다면, 이 책은 당신을 위한 것이 아니다. 대신에 스스로 생각하고 자신감 넘치는 아이를 키우고 싶은 엄마와 아빠에게 이 책을 권한다.

— 린다 스코티(Linda Scotti), 엄마이자 리더십 코치,

구글 팀 개발 리더

멋진 책이다. 트레멘의 진정성과 열정이 멋지게 빛나고 있다. 독자는 작가와 하나가 되어서 즐거운 자기발견의 여행을 떠나게 될 것이다. 여행을 하면서 기대한 것보다 많은 것을 배우는 자신을 발견하리라. 나는 이미 다섯 살 먹은 쌍둥이 아이들과 코칭활동을 해 보았고, 긍정적인 변화를 경험하였다. 이 책은 언제든지 조언을 구할 수 있는 믿음직하고 지혜로운 친구와도 같다.

— 사나 라자 칸(Sana Raza Khan), 쌍둥이 엄마이자

전직 BT 글로벌 서비스(중동, 북아프리카, 터키) 재무이사

트레멘은 기업 코칭분야의 혁신적인 연구자이다. 책을 통해 생각과 행동에 대한 신선하고 흥미로운 관점을 제시하고 있다. 주로 아이에게 초점을 맞추고 있지만, 작가의 통찰력은 성인들에게도 여러 면에서 적용될 수 있다. 트레멘은 여러 나라에서의 사례와 직접 겪은 상황들을 제시하면서, 아이들의 인생을 준비시키는 것에 관한 과거의 믿음들을 깨부수고 있다. '오늘'의 아이가 '내일'을 더 잘 준비하기 위해서는 전 세계의 부모들, 가족들, 교육제도가 바로 지금 변화해야 한다.

– 존 에이 데이비스(John A. Davis), 아빠이자 작가,
듀크 기업교육 아시아 지부장

어떻게 해야 우리의 아이들이 미래를 견딜 수 있을까? 세상에 대한 비판적 사고는 어떻게 가르칠 것인가? 미래의 메가-트렌드(mega-trends)는 이 시대의 엄마, 아빠에게 어떤 영향을 줄 것인가? 21세기 발달심리학은 육아에 대해 무엇을 말하고 있나? 트레멘은 다양한 연구 내용과 자신의 경험을 바탕으로 멋진 책을 펴냈다. 엄마, 아빠들이 성공적으로 아이들을 키우기 위해 필요한 통찰과 방법들을 제시하고 있다.

– 폴 기븐스(Paul Gibbons), 아빠이자 베스트셀러 작가
(저서: The Science of Successful Organizational Change)

트레멘의 책은 읽기 쉽고, 인간적이다. 동시에 생각에 관한 최신의 연구결과로 채워져 있다. 학문적인 책이면서도 비전문가들도 쉽게 이해할 수 있게 쓴 책이다. 아이들이 앞으로 다가올 불확실한 미래에서도 성공적인 삶을 살기 위해서는 '소프트 스킬'을 갖추어야 한다고 설파한다. 게다가 이 책이 어떤 비법서가 아닌 것은 참으로 고마운 일이다. 많은 조언과 통찰을 통해 스스로 육아기술을 키울 수 있게 도와주고 있다.

— 알란 벡스(Alan Beggs) 박사, 아빠이자 전 올림픽 스포츠 심리학자,
The Human Dimension의 설립 이사